DIETRICH ANGERSTEIN

AURUM ALBUM

Auf den Spuren des
weißen Goldes
der Wüste Tarapacá

Ein Roman über das Leben des
Salpeterbarons Johanngeorg
Christian Hilliger

VINDOBONA VERLAG SEIT 1946

Bibliografische Information
der Deutschen Nationalbibliothek:

Die Deutsche Nationalbibliothek
verzeichnet diese Publikation in
der Deutschen Nationalbibliografie.
Detaillierte bibliografische Daten
sind im Internet über
http://www.d-nb.de abrufbar.

www.vindobonaverlag.com

© 2022 Vindobona Verlag

ISBN 978-3-949263-30-9
Lektorat: Mag. Eva Reisinger
Umschlagfotos:
Chuttapon Thapunyaphat, Zerbor,
Jarcosa | Dreamstime.com
Umschlaggestaltung, Layout & Satz:
Vindobona Verlag

Gedruckt in der Europäischen Union
auf umweltfreundlichem, chlor- und
säurefrei gebleichtem Papier.

LAUENBURG

Marsch der
Königlichen Deutschen Legion

Nass und kalt stellte sich Paris den einrückenden Truppen der Allierten. Preußen, Russen, Österreicher, Engländer froren im Biwak vor den Toren der Stadt, lagerten auf feuchtklammen Decken und Säcken. Vorüber sind die Weihnachtstage, vorüber die Siegesparaden vor Zar Alexander, Kaiser Franz und König Friedrich Wilhelm. Über vom Regen aufgeweichte Straßen und notdürftig geflickte Brücken quält sich der Tross der in die Heimat entlassenen *Königlichen Deutschen Legion*, die unter britischer Flagge gegen Napoleon in Waterloo kämpfte. Einst zu Napoleons Grand Armee gehörende *Fourgons* tragen die Verwundeten, notdürftig auf dürrem Stroh gebettet, ungenügend in steifen Pferdedecken der nasskalten Witterung ausgesetzt, doch gemeinsam im Ziel mit denen, die den Marsch zu Fuß antreten mussten: Schnellstens nach Haus in das heimatliche Hannover. Genug hat man vom Krieg. In Hannover, so wurde *annoncieret*, soll die Legion aufgelöst werden, ihre Aufgabe habe sie mit Bravour erfüllt.

Allenthalben sind die Spuren der Verwüstung zu erkennen, auch in den Provinzen, an denen der Krieg den amtlichen *Communiqués* nach zu urteilen unberührt vorüber gegangen sein soll, aber den Plünderungen, den Beschlagnahmungen der Pferde, der *Requisition* des letzten Korns Saatgut nicht entgehen konnten. Ein Jahr des Hungers steht bevor, denn was und womit sollen die Bauern aussäen? Dazu das Wetter, das die ohnehin schon strapazierten Straßen und Wege in grundlose Moraste verwandelt.

Unter dem ewig grauen, von regennassen Wolken verhangenem Himmel fällt es schwer auszumachen, in welchem Wagen man ihn untergebracht hat, im dritten, vierten oder gar fünften versucht der Füsilier Johann Christian Hilliger aus dem Herzogtum Sachsen-Lauenburg der Schmerzen Herr zu werden, die seinen Rücken quälen. Folgen eines Schrapnells, das in seiner unmittelbaren Nähe bei La Haye Sainte detonierte und ihm eigentlich das Leben rettete, denn kriechend fand er das Schlupfloch an der Mauer, das ihm nach Aufgabe der Stellung ein Versteck bot und ihm half, später unbemerkt davonschleichen zu können. Zwei Tage rumpelt er nun schon über grundlose Wege, seine Gedanken kreisen um das Lauenburg seiner Jugend, um seine Braut Maria Margarethe aus der Familie der Westermanns. Seit einem Jahr hat er nichts von ihr gehört, keiner Nachricht aus Lauenburg gelang es, durch die Kriegswirren hindurch den Weg zur Legion zu finden.

„Kamerad, halte durch, es fehlt nicht mehr viel. Das Schlimmste haben wir überstanden."

Es ist der Sergeant aus Mölln, der sich um die Verletzten kümmert. Von Zeit zu Zeit gelingt es ihm, dem Verletzten einen Kanten Brot und einen Schluck Rotwein aus einer im Vorbeimarsch ergatterten Flasche zu reichen. Er hat Glück gehabt, außer ein paar Schrammen hat er den Feldzug leidlich gesund überstanden, hat ihn das Schicksal schonend behandelt. Der Lauenburger Hilliger kann ihm nur beistimmen:

„Ja, es war schon schlimm. Ich wurde Ostern vor zwei Jahren zur *Deutschen Legion* eingezogen und ohne richtige Ausbildung ging es gleich bis vor die Tore von Hamburg. Schießen konnte ich ja, das hatte ich bei den Jägern gelernt."

Schmerzen lassen ihn auch des Nachts nicht zur Ruhe kommen, die Erinnerung jedoch können sie ihm nicht nehmen. Direkt aus der Backstube von Basedau hat man ihn *rekrutieret*.

„Hamburg war nicht zu retten. Drei Wochen später haben es uns die Franzosen unter Marschall Davout abgenommen, die Lumpen von Dänen haben denen dabei geholfen."

Das war ein Schlag, den die Hannoveraner nicht überwinden konnten, die Dänen als Bundesgenossen der Franzosen. Aber bald lief alles wieder anders. Der Möllner ward der Verteidigungslinie Lübeck–Ratzeburg–Lauenburg an der Elbe zugeteilt.

„Wenigstens das Wetter war besser als das hier. Du warst doch auch dabei, wir alle unterstanden dem Kommando von Marschall Walmoden. In der *Schlacht von der Göhrde* haben wir dann die Franzosen *Mores* gelehrt, da sind sie ganz schön gelaufen."

Das Rumpeln des alten Karrens weicht einem sanften Gleiten, man fühlt es, der Zustand des Weges hat sich ein wenig verbessert. Das ruhige Rollen hilft der Erinnerung des Füsiliers Hilliger:

„Bei der großen Schlacht in Leipzig waren wir ja nicht dabei, Gottseidank, denn das muss ein rechtes Massenmorden gewesen sein. Nach Göhrde und dem Schlamassel von Sehestedt ging es flott nach Belgien, wo wir auf die Armee von Wellington treffen sollten. Nur loofen, marschieren, marschieren und wieder loofen. Da hatten wir wenigstens besseres Wetter und zu Essen gab es auch genug. Den Rest kennst du ja."

Der Regen hat etwas nachgelassen, um nach ein paar Minuten in voller Stärke wieder einzusetzen. Das erweckt Erinnerungen an den Marsch von Waterloo zum Feldlager vor Paris nach der Schlacht:

„Ein Dreck, nur Regen, Schlamm und Matsch, nichts zu essen. Nach drei Tagen kamen wir übermüdet, durchnässt und verhungert vor Paris an, da gab es noch einen halbtägigen Aufenthalt mit ein wenig Schießerei auf den Anhöhen von Montmartre. Das ganze Land war ausgeplündert von den Franzosen, den eigenen Leuten. Da war für uns nichts mehr drin."

„Doch, eine völlig überflüssige und sinnlose Parade vor den hohen Herren. Die haben in Paris im Trocknen gesessen. Den Napoleon haben sie auf eine einsame Insel irgendwo im weiten Meer geschickt. Aber ein Geschenk bekamen wir doch noch zu Weihnachten: Der Krieg ist vorüber, es geht nach Hause. Und jetzt, zu guter Letzt stapfen und rollen wir hier wieder einmal durch den Dreck."

Ende und Auflösung der Legion

Es wird Februar, bis die endgültige Auflösung der *Königlichen Deutschen Legion, der „The King's German Legion"* in Hannover vollzogen ist. Wer will, kann in der Hannöverschen Armee bleiben, wer dagegen nicht will, wird mit klingendem Spiel, vielen Reden, Segenswünschen der Hohen Herren und dem Saldo einer schlechten Besoldung nach Haus entlassen. Johann Christian Hilliger macht sich auf den Weg nach Lauenburg.

Es ist nun zweieinhalb Jahre her, dass der gelernte Bäcker aus der Lauenburger Großkaufmannsfamilie Hilliger seine Heimat verlassen musste. Eingezogen zur *Königlichen Deutschen Legion*, der auferlegt wurde, zwar unter einem deutschen Kommando, jedoch der britischen Armee unterstellt, den trotz der in Russland erlittenen Niederlage erneut gesammelten französischen Truppen entgegenzutreten. Von 1803 bis 1813 gehörte Lauenburg dem von Kaiser Napoleon gegründeten Königreich Westphalen an, war aber Mitte des Jahres von einer alliierten Truppe unter General Tettenborn befreit worden. Zurückgeblieben waren Zerstörungen durch die abziehenden französischen Truppen, Plünderungen und Beschädigungen der im Hafen liegenden Elbschiffe.

Nun galt es, eine Verteidigungslinie von Lübeck nach Lauenburg aufzubauen und dazu brauchte man Soldaten, die unter den wehrfähigen jungen Männern der Lauenburger Familien rekrutiert werden mussten; Johann Christian Hilliger, der jüngste Sohn der Familie im wehrpflichtigen Alter, hatte also unter mehr oder weniger Druck den roten Rock der *Deutschen Legion* anziehen und eine kurze militärische Ausbildung über sich ergehen lassen müssen.

Wochenlang wurde um das Elbufer gekämpft, bis endlich die alliierten Truppen der Preußen, Österreicher, Russen, Engländer und noch vieler anderer den Norden

Deutschlands gänzlich den Soldaten Napoleons abnehmen konnten, geschlagen zogen die nach Südwesten ab.

Nun steht Füsilier Hilliger wieder vor dem Tor seiner Heimatstadt, schwer verwundet, mit starken Rückenschmerzen, ungewiss der Zukunft, die ihn erwartet. Natürlich nimmt ihn die Familie herzlich auf, hat er doch ein hartes Schicksal im Dienste seiner Stadt, seines Vaterlandes erlitten. Sein Vater Johann Gottfried war schon vor seiner Abberufung zur Armee gestorben, ebenso die Mutter, nun führt Bruder Wilhelm Heinrich die Firma weiter, so gut es gerade geht, denn da er in der „Franzosenzeit" mit den „Welschen" Geschäfte getätigt hat, ist er unter seinen Partnern in Verruf geraten, wird allseits geschnitten. Man muss dem entgegenhalten, dass die Franzosen, im Jahre 1813 zum Abzug gezwungen, manches Geschäft geplündert und sogar Schiffe im Hafen beschädigt hatten, ein gewisser Ärger auf den, der an den Besatzern auch noch verdiente, ist demnach verständlich.

Maria Margarethe Westermann hat ihr Wort gehalten, ist dem einst angehenden Bäckermeister treu geblieben. Ostern 1816 bestellt der Kriegsinvalide Johann Christian Hilliger das Aufgebot zu Lauenburg. Indes man ist entsetzt, noch verfügt die Familie Hilliger über Reserven, man wittert, die Jungfrau – so wird sie im Aufgebot beschrieben – beabsichtigt auf diesem Weg in den Besitz des ihrem Verlobten zustehenden Geschäftsanteils zu kommen, setzt sofort alle Hebel in Bewegung, um eine Ehe zu verhindern, denn, das ist doch klar, in seinem derzeitigen gesundheitlichen Zustand ist der Invalide nicht imstande eine Ehe einzugehen.

„Was, heiraten will der? Der kommt doch vorn und hinten nicht mehr hoch! Diese Person will nur an das Geld der Hilliger! Außerdem sind die Westermanns gar nicht so richtig von hier, sind die nicht aus dem preußischen Uelzen?"

Zwar liegt Uelzen nicht im Preußischen, sondern im Brandenburgischen, aber seine Nähe zu dem mit Dänen und Hanseaten historisch im Konflikt liegenden Preußen ist den Lauenburgern suspekt.

Die Eingaben haben Erfolg, der Kriegsinvalide Johann Christian Hilliger wird gerichtlich *in Hinsicht seines Vermögens unter Curatel* gestellt, das Aufgebot abschlägig beschieden, er selbst in ein städtisches Invalidenheim eingewiesen. Unterdessen ist Lauenburg nämlich dänisch geworden, der König im fernen Kopenhagen besteht auf alter feudal-hierarchischer Ordnung, die wenigen liberalen Reformen des vertriebenen Königs von Westphalen werden sang- und klanglos abgeschafft. Man hält auf die überlieferte Ordnung der „Oberen", sie sagen, wo es langgeht. So beschlossen auf dem Wiener Kongress.

Solche Honoratioren der Stadt haben jedoch nicht mit dem Willen und der Beharrlichkeit der Braut gerechnet. Drei Jahre hat sie auf ihren Johann Christian gewartet, dem bleibt sie treu.

Acht Jahre nach dem in ihren Augen unrechtmäßigen Beschluss eines Lauenburger Gerichtes, am 4. Oktober 1825, gebärt Maria Margarethe Westermann in Ratzeburg einen Sohn, laut Eintragung im Register als *unehelich* vermerkt, was allerdings im nunmehr zum Königreich Dänemark gehörenden Herzogtum Lauenburg nicht unüblich ist, wird doch ein Viertel aller Kinder im Herzogtum außerhalb einer gesetzlich vollzogenen Ehe geboren, ist also absolut kein Schandfleck für die Mutter. Man denkt da in Lauenburg ein wenig toleranter, konzilianter als im nahen steifen Hamburg, vielleicht ein Überbleibsel aus der Franzosenzeit. Anders als von den Oberen beschieden, die sogar bei Eheschließungen das letzte Wort behalten wollen. Nun muss es unter Umständen auch einmal ohne amtliches Papier gehen. Aber so ganz unehelich ist dieser Sohn dann doch wieder nicht, Johann Christian Hilliger bekennt sich offen zu diesem Jungen, wird als „angeblicher" Vater eingetragen und lässt ihn auf den Namen Johanngeorg Christian Hilliger taufen. Natürlich ist die Familie Hilliger ein wenig verdutzt. „Aber das ist doch gar nicht möglich", jedoch siehe da, möglich war es dennoch.

Einen Hilliger lässt man in Lauenburg nicht im Stich

Nun, da es ein Hilliger ist, genießt der Neuankömmling die Unterstützung der Familie. Man kann doch einen Hilliger nicht verkommen lassen, also gebührt auch diesem Jungen eine gute Ausbildung. Ein wenig Vermögen aus dem Johann Christian zustehenden Geschäftsanteil ist ja vorhanden.

Wie es sich gehört, kommt Klein Johanngeorg erst einmal in die Lauenburger Bürgerschule, dort lehrt man das ABC und das kleine Einmaleins. Wider jede schulische Erfahrung mit ABC-Schützen ist es gerade das Einmaleins, was ihn fasziniert und das er in kürzester Zeit beherrscht, es wird ihn ein ganzes Leben auf dem Weg zum Erfolg begleiten. Wie gesagt gehört das Herzogtum Lauenburg in diesen von Hunger und Arbeitslosigkeit geplagten Nachkriegsjahren der Dänischen Krone an, aber davon ist im täglichen Leben wenig zu spüren, Umgangs- und Amtssprache bleiben weiterhin Deutsch, nur die wiedereingeführten strengen Regeln einer im Grund veralteten Feudalherrschaft lassen Missstimmung aufkommen. Man hatte sich ja trotz der ungebetenen französischen Fremdherrschaft doch recht gut an ein paar Errungenschaften der Französischen Revolution gewöhnt. Die nunmehr allgegenwärtige Krone Dänemarks wurde im Herzogtum Lauenburg alles andere als zu einer Lösung von schon beinahe vergessener Feudalherrschaft, im Gegenteil, sie bedeutete eine Restauration alter Herrschaftsansprüche im Widerspruch zur erwachenden deutsch-nationalen Bewegung.

Gerade in jenen Jahren der Grundausbildung eines jungen Mannes, die, wie die Erfahrung lehrt, in der Regel auch den Charakter, ja das gesamte Wesen eines Heranwachsenden formen, muss Johanngeorg Christian den Zusammenbruch der Hilliger'schen Unternehmen in Lauenburg miterleben, der Tod des Onkels Johann Heinrich Gottfried leitet den Konkurs ein. Noch kann man ein paar Jahre wirtschaften, auch Mutter Maria Margarethe hat ja nicht ganz arm in die Familie Hilliger eingeheiratet, trotz anfänglicher böswilliger, gegenteiliger Behauptungen. Sie beschließt nach Abschluss der Bürgerschule, den jungen Mann zur Lehre in einen Salzhandel der südlich von Lübeck gelegenen Kleinstadt Mölln zu geben, immerhin bleibt er dort im Herzogtum Lauenburg ansässig und der Lauenburger Obrigkeit untertan.

Lehrjahre sind keine Herrenjahre

Johanngeorg Christian schlägt sich durch. Nach Mölln kommt er nach Uelzen im Herzogtum Braunschweig, da ist schon mehr los. In Uelzen erlebt er den Bau der ersten Eisenbahn, der rege Handel bringt Bewegung in die Stadt. Größere Handelsunternehmen als in Mölln bieten einen weltoffenen Blick „nach draußen". Ein Amtsschreiber kann dem *Kaufmanns-Gehülfen* Unterricht im Steuerwesen erteilen. Alles Themen, die den lernbegierigen jungen Mann aus Lauenburg wahnsinnig interessieren und in Anspruch nehmen. Anstelle des Abends mit Freunden einschlägige Kneipen zu besuchen, sitzt er in Uelzen lieber über Büchern, so dem Fachbuch des Herrn Bergmann. Hier leben auch Angehörige der Familie Westermann, der Familie seiner Mutter, und wenn auch ihre Beziehung zum Rest der Familie Hilliger nicht gerade innig ist, so vermittelt sie doch ein gewisses Zusammengehörigkeitsgefühl, das dem angehenden Geschäftsmann zugutekommt.

Nach Uelzen folgt Lüneburg. Nun ist Johanngeorg Christian ein gestandener Mann, kann sich als *approbierter hanseatischer Kaufmann* vorstellen. Die Stadt der Norddeutschen Backsteinarchitektur am Ufer der Ilmenau lebte wie so manche andere Siedlung vom Salzhandel, zählt seit jeher mit jahrhundertealten Bildungsstätten, die der junge Geschäftsmann auch gern und oft in Anspruch nimmt, um so der geistigen Förmlichkeit norddeutscher Contore entfliehen zu können. Hier ist er aus dem dänischen Einfluss heraus, denn Lüneburg gehört zum Königreich Hannover. Wir können davon ausgehen, dass nach dem Verweilen in dieser Stadt Johanngeorg Christian die notwendigen Kenntnisse besitzt, um Verantwortung in einem größeren Unternehmen anzutreten, *Soll und Haben* sind ihm in Fleisch und Blut übergegangen.

Im preußischen Salzwedel glaubt er die richtigen Ansatzpunkte für seinen weiteren beruflichen Werdegang zu finden. Wir schreiben das Jahr 1850, der Unternehmer Friedrich August Busse in der Hansestadt an der Jeetze kann gerade einen tatkräftigen und zuverlässigen jungen Mann in seinem Geschäft gebrauchen.

Wie so manche andere Stadt im Norden Deutschlands hatte auch Salzwedel sich im Laufe der Jahrhunderte zu einem Umschlagplatz des Salzhandels entwickelt, der Name sagt es heute noch. Jetzt aber beleben Flussschifffahrt auf der Jeetze, der Handel mit Gewürzen und Fischen, die Tuchmacherei und Bildungsstätten das Stadtbild, nicht zu vergessen den Salzwedeler Baumkuchen, den schon der große Kurfürst für *superb* schmackhaft befunden haben soll. Waren es daher seinerzeit hanseatische Kaufleute, die die von Fachwerkhäusern umrahmten Straßen bevölkerten, so sind es ab Mitte des 19. Jahrhunderts Offiziere der Vorausabteilung einer preußischen Ulanen-Einheit, die in den folgenden Jahren in Salzwedel in Garnison gelegt werden soll. Nicht immer erfreuen sich die adeligen Herren in Uniform des Wohlwollens der Salzwedeler Bürger, treten sie doch ein wenig herablassend, ja recht großspurig auf, was dem bescheidenen, gutbürgerlichen Lebensstil der ansässigen Einwohner widerspricht.

Johanngeorg Christian Hilliger betritt nun dieses kleinbürgerliche Idyll mit dem Wunsch, hier sein Wissen an den Mann bringen und so sein kommendes Leben aufbauen zu können. Gelegenheit dafür wird ihm im Geschäft des Fabrikanten Friedrich August Busse geboten. Es sind die Jahre des politischen Aufbruchs in Mitteleuropa, die Jahre der Revolutionen, des Frankfurter Kongresses und des Versuches einer nationalen Einigung, jedoch wenig spürt man davon im flachen Land am Ufer der Jeetze.

Nun ist Herr Fabrikant Busse nicht nur ein in Stadt und Land bekannter, vielfältiger Unternehmer, er hält auch in der Salzwedeler Loge „Johannes zum Wohle der Menschheit" eine ihm gebührende Stellung im Vorstand inne und es dauert nicht lange und die Loge kann auf ein neues Mitglied, nämlich Johanngeorg Christian Hilliger, in ihren Reihen zählen. Es sind Zeichen einer politischen Wandlung zu den Fragen der sich stärker bemerkbar machenden Forderung einer Änderung der herrschenden Gesellschaftsordnung, die der Lauenburger in wenigen Jahren auf der Sprossenleiter der Salzwedeler Bürgerschaft erklommen hat. Heute gehört er zum Zirkel der ehrbaren Kaufleute hanseatischer Schule, das erfordert Einsatz für alle. Besonders am Herzen liegt ihm dabei im Rahmen seiner Tätigkeit in der Loge die Betreuung der Alten und Siechen, deren Unterhalt die Stadt zu verantworten hat, unter diesen die Invaliden der Napoleonischen Kriege. Letztes ohne Zweifel im Gedenken an seinen inzwischen verstorbenen Vater.

Erste Kunde vom
geheimnisvollen Land am Pazifik

In Salzwedel erreicht den jungen Kaufmann die Nachricht der Heirat seines Lauenburger Vetters Johann Wilhelm Gottfried, der am 23. Juli 1851 die Hamburgerin Emilie Elisabeth Mestern geehelicht hat. Indes ist Wilhelm ganze dreizehn Jahre älter, besitzt auch, wie man so sagt, Auslandserfahrung, bereiste er doch im Gefolge des Hamburger Kaufmanns Eduard Wilhelm Berckemeyer die Küsten Südamerikas, hatte sich sogar länger in der Hafenstadt Valparaíso und im Inneren des Landes Chile aufgehalten. Darüber erzählt man sich so mancherlei hinter vorgehaltener Hand. Gerade die Stadt am Pazifik zieht seit der Unabhängigkeit der südamerikanischen Staaten, ihrem Ringen um eine republikanische Zukunft, das besondere Interesse Hamburger und Bremer Kaufleute an, viele haben dort bereits Niederlassungen und Vertretungen eingerichtet. Solches erweckt selbstverständlich den Tatendrang eines jeden emporstrebenden jungen Kaufmanns hanseatischer Prägung, zu welchen sich eben auch Johanngeorg Christian Hilliger gern zählt. Jahre hindurch hat er in muffigen *Contors* abgesessen, die große weite Welt nur auf dem Papier kennengelernt, nun zieht es auch ihn hinaus. Einen derartig weitgereisten Vetter kann man doch nur beneiden. Er beschließt eine erste Gelegenheit zu nutzen, den Weltbürger und Vetter Johann Wilhelm Gottfried Hilliger zu treffen und auszufragen.

Das Treffen ergibt sich bald in der Heimatstadt Lauenburg. Der Jungverheiratete, der, allen aus einem gutbürgerlichen Hause auferlegten Traditionen folgend, seine gerade einundzwanzigjährige Frau der Familie vorzuführen für angebracht hält und da sie ebenfalls einer ehrwürdigen hamburgischen Kaufmannsfamilie entstammt, darf diese sich auch sofort einer ihr zukommenden Anerkennung und Aufnahme erfreuen. Allerdings, seitens der Lauenburger Hilliger liegt eigentlich gar kein Grund vor besonders stolz zu sein, hat man doch gerade vor zwanzig Jahren Konkurs anmelden müssen. Da bedarf es schon eines gewissen Selbstbewusstseins und obendrein ausreichend Zeit, eine solch peinliche Situation zu überwinden oder gar überwinden zu lassen.

In dieses Familienidyll tritt der „uneheliche" Vetter Johanngeorg Christian aus dem Unternehmen des Friedrich August Busse in Salzwedel. Gespannt hört er, was Johann Wilhelm aus Chile zu berichten weiß.

„Ja, da findest du einen ewig blauen Himmel, einen so kalten Winter wie hier gibt es nicht", so schwelgt der bislang unbekannte Vetter, „weite grüne Felder, dunkle Wälder, tiefe geheimnisvolle Seen, freundliche, hilfsbereite Menschen und geschäftige *Contors*, in denen es vor Arbeit nur so wimmelt, wo sogar ein nur halbwegs fleißiger junger Mann die Möglichkeit findet, gutes Geld zu verdienen."

In die Schilderung derart paradiesischer Umstände mischt sich Skepsis des Salzwedelers:

„Aber fürchterliche Erdbeben soll es dort auch geben, so habe ich gehört. Gerade vor einem Jahr soll eine ganze Kleinstadt in der Nähe des Hafens Valparaíso völlig zerstört worden sein."

Der jungverheiratete Johann Wilhelm will natürlich seiner kürzlich angetrauten Frau nicht jetzt schon

Angst einjagen, trägt er sich doch mit dem Gedanken, recht bald wieder die Reise nach Südamerika anzutreten. Er wehrt ab:

„Ja ja, die gibt es schon, kommen nicht häufig vor und treffen selten eine Stadt, die es schon einmal getroffen hat. Da wackelt es ein bisschen, man gewöhnt sich dran. Ich habe noch kein Erdbeben erlebt, bei dem ich Angst bekommen hätte. Meistens fällt ein, was sowieso schon baufällig ist. Heute kann man schon recht erdbebenfest bauen. Geht alles schnell vorüber.“

Mit dieser reichlich vagen Antwort gibt sich Johanngeorg Christian erst einmal zufrieden. Was da noch so alles am Ende der Welt geschieht, muss er wohl selbst in Erfahrung bringen.

Natürlich erhebt sich außer allem die Frage, welche Arbeits- und Lebensbedingungen kann man in einem solchen Paradies erwarten, Chile liegt doch arg weit weg und ist im Königreich Hannover recht unbekannt, abgesehen von ein paar Bremer und Hamburger Kaufleuten.

„Gearbeitet wird in der Regel von acht bis vier Uhr, dann trifft man sich im Hotel oder im Deutschen Verein, wo echtes deutsches Bier von einem deutschen Braumeister angeliefert wird. Täglich sieht man im Deutschen Verein eine frohe Runde aus Hanseaten, Hannoveranern, Preußen, Bayern, sogar Holländer und Dänen kann man da begrüßen. Nur an Tagen des Posteingangs muss eben bis Mitternacht gearbeitet werden, da die Post bei dem langen Laufweg stets schnellstens, also wirklich postwendend im wahrsten Sinne des Wortes, abzufertigen ist.“

Alles in allem ein Bild in rosigen Farben, das den Kaufmann aus Salzwedel bewegt, die Rückreise in Richtung

Salzwedel über Hamburg anzutreten. Ein kleiner Umweg, doch im Hamburger *Contor* der Herren Godeffroy wird bereitwillig Auskunft erteilt:

„Also nach Chile wollen Sie auswandern? Ja, da hätten wir mehrere Möglichkeiten. Da wäre die Brigg *Hermann*, sie soll Anfang September ablegen."

Das wäre doch etwas zu schnell. Johanngeorg Christian Hilliger muss ja noch mit seinem derzeitigen Brotherrn sprechen, sein Arbeitsverhältnis hat ja gerade erst begonnen. Ob der bereit ist, auf seinen just *contractierten Correspondenten* zu verzichten?

Aber fragen kostet ja nichts:

„Was muss denn noch alles beachtet werden?"

„Die Reisedauer nach Valparaíso beträgt circa zweieinhalb bis drei Monate. Wollen Sie dagegen mehr wissen, in Bremen treffen Sie einen chilenischen Einwanderungsagenten, der kann Ihnen mehr über Chile erzählen. Letztens haben auch manche Zeitungen über die Auswanderung nach Chile ausführlich berichtet.

Die Verpflegung an Bord ist natürlich einfach, sie besteht hauptsächlich aus Bohnen, Erbsen, Linsen, Konserven und Pökelfleisch. Einen Pass brauchen Sie selbstverständlich auch. Der Reisepreis beläuft sich ungefähr auf drei- bis vierhundert Mark Courant."

Und dann mit einem Blick auf den Anzug des Besuchers, der auf einen gutbürgerlichen Wohlstand schließen lässt, „gegen einen kleinen Aufpreis können wir Sie natürlich auch etwas besser als einen gewöhnlichen Auswanderer unterbringen."

Schon in der neuen Eisenbahn, die ihn bis Uelzen entführt, überkommt Johanngeorg Christian Hilliger ein geheimnisvoll prickelndes Fernweh. Noch gleiten vor seinem Auge die vom Morgennebel nur leicht verhüllten Felder und Auen des einstweilig dänisch regierten Herzogtums vorüber, jedoch im Inneren erblickt er den blauen Himmel, die grünen Felder, das weite Meer, spürt den Schlag der Wellen am Strande des Pazifiks. Der weitgereiste Vetter aus Hamburg hat es wohl verstanden, den Geist des ansonsten doch recht nüchternen Kaufmanns zu fordern. Er schließt die Augen, lachende Sterne breiten sich über einen weiten Horizont, das Kreuz des Südens, noch nie gesehen, aber aus den Worten des Vetters bekannt, steigt weit hinter weißen Bergen empor, ewiger Schnee soll es sein, der die hohen Berge gen Argentinien bedeckt. Noch nie hat der junge Mann aus Salzwedel eine ferne, in weißem Schnee glänzende Bergspitze gesehen, aber viele, sogar sehr viele soll es im Lande seines Traumes geben. Unglaublich, komme der Winter, gäbe es Schnee hoch droben, aber unten in der Stadt vielleicht ein wenig Regen, ansonsten nur ein Wetter wie im Oktober an der Waterkant.

Wird die Trennung vom Alten, Gewohnten ein Verlust oder eine Befreiung vom Alltag in seit Jahrhunderten eingetrockneten, festgefahrenen *Contors* hanseatischer Prägung sein? Es soll ja Trennungen geben, die sich wie Befreiungen lesen, auch Befreiungen vom Ich, eines dessen Leben sich bislang ausschließlich auf dem breiten Pfad eines vortrefflich geführten Hauptbuches zwischen Soll und Haben bewegte, fern jeder abenteuerlichen Abwechslung. Nichts hält ihn eigentlich hier zurück, natürlich, da wären die Töchter des Herrn Busse, vielleicht hat der sich schon Hoffnung auf einen gestandenen Schwiegersohn gemacht, die Geschäfte müssen doch weiterlaufen, aber bisher hat dieser Lauenburger noch kein Zeichen einer Annäherung erkennen lassen. Könnte doch noch kommen, so hofft man in Salzwedel, aber bloß keinen von diesen eingebildeten preußischen adeligen Offizieren.

Das Kreischen der Bremen weckt den Reisenden. Von Uelzen steht ihm noch eine unbequeme Reise im Stellwagen bevor, denn eine Eisenbahn zur Stadt Salzwedel an der Jeetze gibt es noch nicht, die Flussschiffer haben dort ihr Veto geltend gemacht.

Es gilt nun, den Salzwedeler Fabrikanten Busse von einer Auflösung seines *Contractes* zu überzeugen, auch von der Loge „Johannes zum Wohle der Menschheit" Abschied zu nehmen, allerdings mit der wirklich ernstgemeinten Versicherung, ihr auch weiterhin trotz der Ferne die Treue zu halten. Einer solch weltumfassenden Einrichtung anzugehören kann ja niemals schaden. Das wenige Gepäck ist schnell zusammengestellt, hat ja auch die letzten Umzüge schadlos überstanden. Schmerzlos geht der Abschied in Salzwedel als auch in Lauenburg über die Bühne. Hilliger verspricht, nie den Kontakt abreißen zu lassen.

Anker auf, es geht los

Fregatte *Hindostan* unter Kapitän Jacob Bendixen soll am 5. Oktober 1853 in Schulau bei Hamburg Anker lichten. Gerade die *Hindostan* gilt als ein seefestes Schiff und der Kapitän als erfahrener Seemann, dem schon des Öfteren die äußerst gefahrvolle Umrundung des gefürchteten Kap Hoorn gelungen sein soll. Natürlich ist die Unterbringung an Bord einer Fregatte eng, erinnert an die halbdunklen Dachkammern, die der Lauenburger Kaufmann Johanngeorg Christian Hilliger in seiner Lehrzeit als *Commis* bewohnt hat, hält jedoch jedem Vergleich mit anderen Seefahrzeugen aufs Beste stand. Wie die Erfahrung lehrt, wird sich das Essen während der langen, auf drei Monate veranschlagten Reise auf getrocknete und wieder eingewässerte Bohnen, Linsen und Erbsen mit Gepöckeltem beschränken müssen, aber was kann man anderes auf hoher See erwarten? Ergibt sich die Gelegenheit, könnte man das eingesalzene Fleisch ja durch frischen Fisch ersetzen. All dem wäre entgegenzusetzen, dass Verfrachter und Schiffsmakler gewöhnlich das Blaue vom Himmel herunterlügen, um die Höhe des Passagegeldes zu rechtfertigen, auch gern mit Klassenunterschieden hausieren, obwohl dann, bei späterer Belehrung auf See, praktisch alle Passagiere über den gleichen Kamm geschoren werden. Denn, endlich an Bord gibt es keine erste, zweite oder dritte Klasse mehr, von einigen unwesentlichen Unterschieden einmal abgesehen.

Allerdings wäre noch eine Besonderheit zu berücksichtigen: In Chile wird Spanisch gesprochen. Zwar führt jeder hamburgische Kaufmann ein englisches, gelegentlich auch ein französisches Wörterbuch im Gepäck, aber um die spanische Sprache hat man sich bislang wenig gekümmert, obwohl gerade die Städte Hamburg und Bremen bereits einen lebhaften Kommerz mit südamerikanischen Häfen pflegen. Ein spanisches Lehrbuch „Tausend Worte Spanisch" soll dem Mangel abhelfen, auf der langen Überfahrt müssten doch genug Stunden Müßiggang zu Verfügung stehen, um tiefer in diese ungewohnte Sprache eindringen zu können. Später wird sich dann allerdings herausstellen, dass sich die Stunden des ungeliebten Lateinunterrichts in der Schule als wertvolle Hilfe beim Erlernen der spanischen Sprache erweisen. Halten an Land Fürsten, Grafen und Könige die Macht in ihren Händen, so ist auf See der Kapitän der unumschränkte Herrscher über das Leben und Wohlbefinden der ihm anvertrauten Gäste. An Bord der Fregatte *Hindostan*, die unter dänischer Flagge vor Schulau liegt und auf einen Dampfschlepper wartet, der den stolzen Dreimast-Segler „an den Haken" nehmen und nach Cuxhaven schleppen soll, führt Kapitän Jacob Bendixen das Regiment, überwacht die nervöse Unrast, das Einschiffen der Auswanderer. Unmengen an Gepäck werden noch emporgehievt, denn Fracht wurde bereits an den Vortagen übernommen, auch die vorgeschriebene Seenotausrüstung hat man fachgerecht verstaut. Alle Lebensmittel für die lange Reise müssen mitgeführt werden, Eier, Bohnen, Linsen, Erbsen, gepökelter Schinken, Würste, auch Backobst wird geladen, dazu lebende Hühner, Enten und sogar ein paar Schweine quieken aus Angst vor dem Ungewissen in einem engen Verschlag. Natürlich darf Trinkwasser nicht fehlen, es wird in hölzernen Pipen unter Deck gebracht. Man kann erkennen, nicht nur auf Auswanderer für Chile beschränkt sich die Passagierliste, nein, auch hoffnungsvolle Abenteurer mit dem Ziel San Francisco in Kalifornien glauben, auf der *Hindostan* den ersten Schritt in eine vergoldete Zukunft wagen zu können.

Widrige Winde verhindern anfangs eine schnelle Ausfahrt in die Nordsee, aber am zweiten Tag kommt der prächtige Segler im vollen Schmuck seiner Takelung einer Dreimast-Bark voll voran. Der Leuchtturm Neuwark gerät in Sicht, doch leider hat den Großteil der Landratten schon die Seekrankheit gepackt, stöhnend liegen sie in ihren Kojen und verfluchen den Tag, an dem sie den Entschluss fassten, ihre Seele der christlichen Seefahrt anzuvertrauen. Der Vorschrift, nach Auslaufen ein „Alle-Mann-Manöver" für Matrosen und Passagiere über sich ergehen zu lassen, können sie nur widerwillig, mit schwachen Bewegungen und gelben Gesichtern nachkommen.

Nach einer knappen Woche durchquert die *Hindostan* den Kanal zwischen England und Frankreich. Die Stimmung an Bord hat sich gebessert, Wind und Wellen haben Ruhe eingelegt, die Seekrankheit der ersten Tage scheint überstanden und da sich ein paar junge Damen unter den Passagieren befinden, auch das auf solchen Reisen nie fehlende Schifferklavier mit dem dazu nun einmal notwendigen Künstler aus den Tiefen der Luken auftaucht, es zudem gerade Sonntag ist, kommt rasch ein Tanzfest zustande, an dem natürlich Johanngeorg Christian Hilliger gern teilnimmt. Nicht umsonst zählte er einst zu den gelehrigsten Schülern der Tanzstunde des gehobenen Bürgertums in Lüneburg.

Neptun im Atlantik meint es gut mit den Auswanderern, obgleich der Wind nicht so richtig mitspielen will, zum Kreuzen zwingt, was natürlich Zeit kostet. An Bord herrscht frohe Stimmung, Johanngeorg Christian hat erreicht – gegen einen kleinen Aufpreis –, eine Koje buchen zu können, die er nur mit einem Mitreisenden zu teilen braucht. Dieser wiederum ist ein friedlicher Zeitgenosse, sodass Johanngeorg Christian Zeit findet, diese dem Erlernen der spanischen Sprache zu widmen, obwohl es zu seinem Leidwesen an Bord keinen Mitreisenden gibt, der imstande wäre, seine Aussprache korrigieren zu können.

Am zehnten Tag heißt es endgültig von Europa Abschied zu nehmen, Kap Finis Terrae zieht in einiger Entfernung vorüber, eine Woche später kommt Madeira in Sicht und wieder ein paar Tage danach Las Palmas de Islas Canarias. Man nähert sich wärmeren Gefilden, widmet sich am Oberdeck der Beobachtung der Gestaltung der kunstvollsten Wolkenbildungen, dem Wechsel von Licht und Schatten, der im Verein mit einem launenhaften Farbenspiel ein Ineinandergleiten der Töne vermittelt so wie man es eigentlich nur aus der Musik zu kennen glaubt. Einem wilden Trommelwirbel gleich verdüstert alsdann eine schwarze Gewitterwolke das leichte, dahinschwebende Schäfchen am Himmel, das eilt bestürzt im Winde in Gegenrichtung davon, einen weißen durchsichtigen Schleier hinterlassend.

Es ist die Abwechslung am Himmel, die die an Deck im Sonnenlicht rastenden Passagiere stets aufs Neue fasziniert, nicht dagegen der Speiseplan, der während der Reise durch eine absolut fehlende Variation zu wünschen übriglässt. Linsensuppe mit gepökeltem Schinken, Bohnensuppe mit gepökeltem Rindfleisch, Gerstensuppe mit Backpflaumen, gelegentlich auch Fisch – auf hoher See gefangen – und sonntags frisches Fleisch vom Schwein oder Hühnerfrikassee, denn nach und nach muss das mitgebrachte Vieh seiner ihm zugedachten Bestimmung zugeführt werden. Es ergibt jedes Mal großes Geschrei und Jubel, wenn die Kinder den über Deck davonflatternden Hühnern und Enten nachjagen, die hoffen, ihrem Schicksal im Kochtopf entrinnen zu können. Je länger die Reise währt, beginnen die mitreisenden Frauen häusliche Beschäftigungen aufzunehmen, putzen, waschen und pflegen Wäsche oder versuchen, durch Rat und Tat dem Smutje beizustehen, den Speiseplan mit Hilfe der mitgebrachten Vorräte etwas zu verbessern, ihn etwas weniger eintönig als nach altgewohntem Schema abzuwickeln.

Es trifft sich gut, am Sonntag, den 26. November, genau zweiundfünfzig Tage nach der Abreise, empfängt die südliche Halbkugel die Reisenden mit freundlichem Wetter, mildem Wind und einer Tagestemperatur um die zwanzig Grad Reaumur. Gott Neptun hat sich angemeldet, erkundet zunächst beim Kapitän, ob sich an Bord gar Ungetaufte befänden, was dieser zugeben muss, haben doch alle Passagiere und sogar ein paar Matrosen den Äquator noch nie überquert. Unter Gelächter und vielerlei Possen und Scherzen werden die Ungetauften nun mit Seifenschaum und einer undefinierbaren schwarzen Paste eingerieben, von Neptun eingesegnet, dann mit einem gewaltigen hölzernen Messer abgeschabt. Ein „Notar" in Amtsrobe und mit ernster Miene schreitet gewissenhaft zu Protokoll, überreicht auch nach Abschluss der Zeremonie den Reisenden ein Taufzeugnis, das sie bei einer nächsten Reise von einer neuen Taufe befreien soll. Doch wird es jemals zu einer neuen Reise kommen?

Zum Abschluss der Feier lädt die Gesellschaft zu einem kleinen Tanzfest, zu dem die Damen an Bord Kuchen gebacken haben. Die Zutaten – Mehl, Eier – liefert der Kapitän beziehungsweise der Smutje auf allerhöchste Anordnung.

Drei Wochen später beginnt Kälte durch Spalten und Ritzen in die Kajüten zu ziehen, die Temperatur sinkt und sinkt, bleibt schließlich bei fünf Grad stehen. An Heizung ist nicht zu denken, man wärmt Hände und Rücken in der Kombüse oder verkriecht sich unter Decken. Johanngeorg Christian hat seine neue Liebe zur Astronomie entdeckt, der Navigationsoffizier führt ihn ein in die Kunst der nautischen Ortsbestimmung, erklärt ihm den Sternenhimmel und die Bestimmung der eigenen Position, auch wenn jetzt südlich des Äquators der Polarstern hinter dem Horizont verschwunden ist und dafür das Kreuz des Südens aus dem Atlantik steigt, täglich ein paar Grad empor.

Der Navigationsoffizier weiß zu erklären:

„In der Nautik nennen wir das den Frühaufgang, die Heliakischen, wenn ein Sternbild des Morgens am Horizont aus der Tiefe auftaucht. Sie erleben das jetzt am Kreuz des Südens. Für uns bedeutet es eine vollständige Umstellung der Schiffsführung."

Johanngeorg ist für jede Erklärung dankbar, entführt ihn doch diese Reise aus dem Gewohnten in ein neues Reich einer unbekannten Mystik, so fern, so fremd, wie es sich der Pragmatiker aus dem kühlen Norden kaum vorzustellen vermag. Alles ist eben neu, das Kreuz des Südens, überhaupt der ganze Sternenhimmel.

„Aber das Kreuz steht ja auf dem Kopf, ist ja gar nicht richtig symmetrisch. Kann man es denn für eine genaue Ortsberechnung verwenden?"

Natürlich weiß der Offizier Rat, dafür ist er ja da: „Wir richten uns nach dem südlichen Polarstern, sehen Sie, es ist ein recht kleiner Stern, er liegt ziemlich genau über dem Himmelssüdpol. Sie finden ihn, wenn Sie die Achse des Kreuzes um das Fünffache verlängern, sehen Sie, da ist er."

Voraus liegt Kap Hoorn

Es wird Weihnachten, an Backbord sind die Falkland-Inseln auszumachen, tieffliegende Wolkenfetzen und Regenschauer erschweren die Sicht, aber dann, am Silvestertag, können die Staaten--Inseln ebenfalls backbords erkannt werden und damit liegt die Fahrt durch die La Maire-Enge voraus, was den Beginn der Umrundung des gefürchteten Kap Hoorns einleitet. Ein mitreisender Auswanderer gedenkt mit einer kleinen Ansprache der Bedeutung der Tage, liest auch die Weihnachtsgeschichte aus dem Neuen Testament vor, ansonsten aber zieht man sich in die Kojen zurück, lässt sich vom ersten Schneefall sowie der Zahl der das Schiff umkreisenden Vögel überraschen, denen Sturm nichts anzuhaben scheint, im Gegenteil, sie geradezu zum Fluge ermuntert. Die ersten Albatrosse kommen in Sicht, über sie geht die Sage, die Seelen der am Kap Hoorn ertrunkenen und an Klippen und Felsen verunglückten Seeleute zu verkörpern. Kap Hoorn, geachtet, aber auch gefürchtet, über Jahrhunderte für tausende von Seeleuten zum kühlen Grab geworden.

Die Kälte dringt durch alle Ritzen, die Passagiere sehen sich gezwungen, auf dem Oberdeck im Kreis zu laufen, um die erstarrten Glieder zu erwärmen, was nicht ohne Gefahr vorgeht, da überschlagende Wellen das Deck nässen und die Feuchtigkeit dann schnell zu Eis erstarrt. Kapitän Bendixen waltet seines Amtes, erteilt Befehle, scheucht die waghalsigen Frierenden unter Deck. Hier am südlichsten Zipfel des südamerikanischen Kontinents prallen zwei Ozeane wie die mächtigsten Könige der Welt aufeinander, gebieten sich wilde Stürme um die Herrschaft auf dem Meer, lassen winzige Schiffe wie Spielbälle ihrer Macht erzittern. Nur zwei kleine Segel hat Kapitän Bendixen setzen lassen, um das Schiff manövrierfähig zu halten, währenddessen die Passagiere vom Unwetter getrieben in ihren Kojen zusammenkriechen, nur noch den Wunsch hegen, das alles möge schnell ein Ende nehmen. Unheimliches, Unbegreifliches liegt über der See, die der Mensch in seiner Überheblichkeit zu bezwingen sich anmaßt. Die *Hindostan* kämpft gegen das Sturmtief, mit voller Macht braust es mit einer Stärke von hundert Meilen über das zerbrechliche Gefährt von Menschenhand hinweg, zwingt es, Wellenberge von sechzig Fuß zu meistern.

Zeitweise wechselt der Wind von Nord nach West, um Minuten später mit neuer Stärke wieder nach Nord zurückzuschwenken. Haushoch prallen die Wellenberge gegen die neue Windrichtung, ächzt die *Hindostan* in ihren hölzernen Fugen, wird geschüttelt, zittert, zeugt von der Kunst ihrer dänischen Schiffsbauer. Standhaft trotzt sie der Natur, lediglich die Spitze des Fockmastes bricht, verschwindet in der hohen See.

Doch es gibt ein Ende, Neptun zeigt Barmherzigkeit mit den gepeinigten Insassen der *Hindostan*. Das Ende stellt sich am vierten Tag ein, die *Hindostan* fällt westlich hinter der Kap Hoorn-Insel in den Pazifik, den Stillen Ozean ein, der bald seinem Namen Ehre macht, es wird wirklich still, beinahe hin bis zu einer Flaute. Gäste und Matrosen überkommt wiederum neues Lebensgefühl, die Kombüse wird angeheizt, in Gang gesetzt. Kapitän Bendixen atmet auf:

„So, das wäre geschafft! Wir haben Südwind, der schiebt uns gen Norden."

Zügig geht es nun voran. In sicherer Entfernung vorbei an den weitab an Steuerbord erkennbaren südchilenischen Inseln, gelegentlichen plötzlichen Regenschauern ausgesetzt, aber dem Ziel stetig näherkommend steuert die *Hindostan* ihren vorläufigen Endhafen an. Auch wenn eine spätere Weiterfahrt nach San Francisco auf dem Plan steht, aber das soll jetzt noch im Ungewissen bleiben.

Am 10. Januar, nach nun schon mehr als dreimonatiger Reise, erklärt Kapitän Bendixen, dass man sich gerade auf der Höhe der chilenischen Stadt Valdivia befinde, dem Ziel der meisten an Bord befindlichen Auswanderer, diesen Hafen er aber nicht anzulaufen gedenke, da – wie bekannt – Valparaíso Zielhafen sei und man heute damit rechnen könne, dass dieser derzeit größte und wichtigste Hafen der Westküste in einer Woche zu erreichen sei.

Johanngeorg Christian Hilliger beginnt Ordnung in seiner feuchten Behausung zu schaffen, auch Ordnung in seinem Kopf, den er nun über drei Monate voll spanische Vokabeln gestopft hat, deren Aussprache er aber mangels eines Partners selbst als bestimmt mehr als mangelhaft einschätzt. Aber das darf ihm kein Hindernis sein, er ist überzeugt, hier auf dem südamerikanischen Kontinent einen neuen Anfang wagen zu können.

VALLE DEL PARAÍSO

Ankunft in einer Neuen Welt

Grau dämmert für Johanngeorg Christian dieser erste Tag in der Neuen Welt herauf, ein Grau, das sich im Grau der Wellen einer Unendlichkeit des Ozeans verliert. Weißer Schaum wird vom Bug geteilt, stürzt alsdann vom Winde getrieben hinab in eine Tiefe, die an dieser Küste noch niemand zu messen wagte.

„Nun kommen Sie schon herauf!"

Kapitän Jacob Bendixen, wie die Reise bislang lehrte, nicht gewohnt zu bitten, erteilt Befehle, nicht allein der Mannschaft, die zu gehorchen hat, sondern sogar, und falls die Umstände es erfordern, den Passagieren der Fregatte *Hindostan*. Die haben zwar eine erhebliche Summe Geldes für die Reise aufbringen müssen, aber an Bord gelten eben andere Regeln als an Land. Mehr als neunzig Tage auf See, die Bezwingung des gefürchteten Kap Hoorn, haben ein Gefühl der Zusammengehörigkeit geweckt, es mehr als einmal als notwendig erwiesen, dass auch Passagiere zugreifen müssen, mit der Folge, dass ein gestandener Kapitän es auch gern an ruhigen Stunden weiterhin für angebracht hält zu zeigen, wer an Bord das Sagen hat.

Nun schon bald auf das Ende der Zwanziger-Lebensjahre zugehend und Zeit seines Lebens stets jeder Muße fern, war es Johanngeorg Christian Hilliger gelungen, sich über die endlosen Stunden der eintönigen Seefahrt beschäftigen zu können. War es erst einmal das Erlernen der spanischen Sprache, so musste er es anfangs auch noch bedauern, über keine astronomischen Kenntnisse zu verfügen, denn gerade die hätten lange tatenlose Stunden verkürzen können. Allerdings hatte er dem bald mit Unterstützung des für die Navigation zuständigen Offiziers abhelfen können, denn gerade solche Kenntnisse erweisen sich doch als überaus wichtig in der klassischen Seefahrt, bereichern zudem die Wissenschaft eines an der Astronomie interessierten jungen Mannes. Eine seiner ersten Erfahrungen war, nach Überquerung des Äquators, so ungefähr auf zwölf Grad südlicher Breite, den großen Bär und den Polarstern leise hinter dem Horizont in der Weite des Ozeans versinken zu sehen, dagegen das Kreuz des Südens langsam aus dem Meer emporsteigen zu lassen. Merkwürdig ist das Kreuz schon, steht es doch auf dem Kopf, was jedoch dem Eindruck, den es auf Reisende aus nordischen Landen zu machen pflegt, keineswegs Abbruch tut.

Desgleichen erregte seine Bewunderung die Vielfalt der Seegetiere, die die *Hindostan* begleiteten. Da gab es sogar ein paar Haifische, Delfine zeigten ihre Künste, sprangen in perfekter, fast militärischer Ordnung aus dem Wasser, auch fliegende Fische, sie kollidierten des Nachts mit dem Segelwerk und landeten alsdann gebraten in der Kombüse auf den Tellern der Seereisenden, brachten somit etwas Abwechslung in den eintönigen Speiseplan.

Dem Ruf des Kapitäns folgend, steckt Seegast Johanngeorg Christian Hilliger jetzt erst einmal vorsichtig den Kopf aus der Luke. Nass ist alles rundherum, eine merkwürdige warme Brise aus Nord hat über Nacht den Südwind abgelöst, mehr als einmal kräftigen Platzregen herabkommen lassen. Nun treiben breitflächig graue Nebelfetzen über den Himmel gen Süden, lassen Flieger und Klüver flattern. Kapitan Bendixen sieht sich gezwungen, halbwegs über backbord zu kreuzen, will er der Küste nicht gefährlich nahe kommen.

Aber das soll ja nicht der Grund für seinen Aufruf sein, verschlafene Seegäste an Deck zu holen. „Dahin sollen Sie schauen, steuerbord!"

Alle Augen wenden sich in Richtung seines Armes, dort wo hinter fernen, niedrigen, rundum teils öden sterilen Bergen, teils hin und wieder durch Gebüsch, Eukalyptus und einige wenige Palmenwedel belebt, in der Weite die gewaltigen Höhen der Hochkordillere hervortreten und den Blick auf einen ersten Strahl der aufgehenden Sonne freigeben.

„Es soll einen grünen Blitz geben, wenn die Sonne hinter den Bergen hervorkommt", meint der Kapitän, aber, obwohl er diese Reise schon des Öfteren hinter sich gebracht hat, gibt er verstohlen zu, den angekündigten Blitz doch wirklich noch nie wahrgenommen zu haben.

„Wer ihn sieht, dem spendiere ich einen Lütten", wohl in der berechtigten Annahme, dass diese kleine Ausgabe gewiss nicht sein Budget belasten wird.

Langsam erhebt sich die blendende Kugel über Bergspitzen, die aus dieser Entfernung hier und dort weiße Schneefelder ahnen lassen, nimmt sogar bei einiger Phantasie einen hellblauen Glanz an. Der angeblich grüne Blitz lässt auf sich warten, nichts geschieht innerhalb der zwei

Minuten, die der Vorgang des Sonnaufgangs hinter dem gewaltigen Massiv am Horizont die Aufmerksamkeit der Seegäste in Anspruch nimmt. Jetzt fröstelt es die wenigen, die sich aus der Luke gewagt haben, wieder zieht es sie hinab in die Tiefe, in das enge, muffigfeuchte Verlies, das eher einer schrägen, verbauten Dachkammer gleicht als einer Schiffskoje, für deren mehrmonatige Benutzung eine kräftige, mehrstellige Summe zu hinterlegen war.

Abschiedsstimmung kommt auf, morgen soll die Reise enden, morgen ist das Ziel erreicht, wenigstens für die, die mit der Absicht, in Valparaíso von Bord gehen zu wollen, voller Zuversicht in Schulau die *Hindostan* bestiegen haben. Kabinenkoffer und Reisekisten werden hervorgeholt, Herumliegendes zusammengesucht, Überflüssiges beiseite gehäuft, denn manches ist auf der langen Reise zu Bruch gegangen oder hat seinen Zweck erfüllt.

Wer aber so als junger Mann auf Abenteuer in ein noch unbekanntes Land aus ist, der hat wenig zu packen, hat wenig mitgebracht, erwartet er doch, eines Tages mit reichlichem Gepäck und vollen Taschen heimzureisen.

Hat dieser junge Mann jedoch gehofft, dass ihn am nächsten Morgen Valparaíso bei tropischer Wärme empfangen werde, so sieht er sich rasch getäuscht. Zwar zeigt der Kalender Sommer auf der südlichen Halbkugel an, den 14. Januar Anno Domini 1854, aber der andauernde Nordwind, wenn auch nicht heftig, treibt kurze, halbhohe schaumgekrönte Wellen in das nach Norden offene *Tal des Paradieses,* wie spanische Entdecker vor beinahe geradezu dreihundert Jahren diese Bucht genannt haben. Hafen und Stadt öffnen sich im Halbrund dem Ankommenden. Mit Geschick lenkt Kapitän Bendixen seine

35

Dreimast-Fregatte *Hindostan* durch das Gewirr eines halben Hunderts großer und kleiner Seefahrzeuge. Johanngeorg Christian Hilliger zählt unter Fregatten und Briggs drei oder gar vier, die eine hanseatische Flagge führen, eine unter schwarz-weißen preußischen Farben, dann solche, an deren Vormast französische, englische und gar eine nordamerikanische Flagge flattern. Es dürften an die dreißig bis vierzig Hochseeschiffe sein, die übrigen verteilen sich auf Küsten- und Fischerboote, sie alle umschwärmt von weißen, im Sturzflug herabschießenden Möwen und dunklen, heisere Schreie ausstoßenden Kormoranen.

Ein buntes Bild in stetiger Bewegung, vermischt mit dem Kreischen unbekannter Vögel, Rufen der Bootsmänner und dem Gischt der Wellen, die sich am Bug der *Hindostan* brechen. Frische, leicht salzig schmeckende Luft treibt von Norden in die Bucht.

Weiter hinten, zu Füßen der im großen Ganzen recht trostlosen Berghänge, sind Häuser und Gärten der wohl besser situierten Bürger zu erkennen, versteckt dagegen in Schluchten lassen Stroh- oder Schilfdächer auf weniger bemittelte Anwohner schließen.

Es ist gegen acht Uhr in der Früh, Hafenkapitän und Zollbeamte kommen an Bord. Nach einer allgemeinen Prüfung der Ladepapiere, Befragung der Passagiere nach dem Wohin und Warum, einem Gläschen *Jerez* und dem wohlgemeinten Wunsch auf einen angenehmen Aufenthalt geben sie das Schiff frei, setzen zur nächsten Brigg über, die gleich der Fregatte *Hindostan* über Nacht den Hafen angelaufen hat. Johanngeorg Christian Hilliger, sich ab sofort der Landessitte entsprechend Jorge nennen

wollend, lehnt an der Reling, Wäschebeutel und Reisekiste neben sich und harrt der Dinge, das heißt er wartet auf Vetter Wilhelm, dessen Begeisterung für dieses
Land seinerzeit in Lauenburg vorgetragen ihn zu einer
solchen Reise an diese fernen Strände verführt hat und
der dem Vernehmen nach schon wieder in Valparaíso an-
gelandet sein soll. Vetter Wilhelm hatte bereits im November des Jahres 1837 in Chile erstmals Fuß gefasst,
im Gefolge des Hamburger Kaufmanns Eduard Wilhelm
Berckemeyer war er im *Hafen des Paradieses* an Land gegangen. Von ihm erhielt er doch die Kunde vom Salpeter,
dieser grauen Substanz, die schon in kleinen Mengen in
Bremen ausgeschifft worden war. Er war es auch, der ihm
eine erste Adresse in Iquique genannt hatte. Jetzt lässt
dieser Vetter aber erst einmal auf sich warten.

Dagegen bevölkern zahllose Boote die Bucht um die
Fregatte, aus voller Kehle – *a todo pulmón* – bieten deren
Insassen beider Geschlechter ihre Waren, Obst, Gemüse an, jeder versucht, den anderen durch Lautstärke zu
überbieten. Hoteldiener preisen Unterkünfte in allen
Preislagen, andere locken vermutlich zahlungskräftig
aussehende Reisende in fragwürdige Etablissements,
die nach dem Angebot zu urteilen zahlreich vertreten
sind. Sie stürmen das Deck, bedrängen Reisende, Offiziere und Mannschaften, dubios auftretende Gestalten
treiben sich allüberall herum, kaum können sich Mannschaft und Offiziere ihrer erwehren.

Johanngeorg Hilliger muss einen raschen Entschluss
fassen. Er verabschiedet sich von den übrigen Mitreisenden, von Kapitän Bendixen, vergibt ihm seinen Be-
fehlston, der ihn nun nicht mehr aus der Ruhe bringen

wird, von dem Navigationsoffizier, der ihm ein geduldiger Lehrmeister war, und solchen Matrosen, die an Deck gerade an ihm vorüberlaufen, lässt sein geringes Gepäck in eines der unten bereitliegenden Boote verladen, dessen Ruderer ihm durch weniger Geschrei angenehm auffällt, und tritt die kurze Überfahrt zu der noch in neuem, frischem Glanz strahlenden Passagier-Mole an. Die wurde kürzlich erst fertiggestellt. Auf ihr, angelehnt an einen Pfosten, an dessen Spitze eine jetzt dunkle Sturmlaterne im Winde pendelt, wartet ein junger Mann norddeutscher Herkunft, leicht erkennbar an dem spärlichen Rest seiner einst strohblond gewesenen Mähne und der zwar schon etwas verschlissenen, aber dennoch gut erkennbaren Hamburger Joppe.

„Hummelhummel, willkommen in Chile!" Nun ja, Hummelhummel ist zwar Hamburgisch, unbedingt nicht in Lauenburg gebräuchlich, möchte man doch gern eine gewisse Distanz zur nahen Hansestadt bewahren. Lauenburger Schiffer können ein Lied zum Thema singen, hat doch schon mancher Hamburger ihnen den Rang abgelaufen.

Der junge Mann, Sohn der Familie Meier, Besitzer des *Hotels de Chile,* hat es besonders auf Ankömmlinge aus deutschsprachigen Ländereien abgesehen. Seine Aufgabe ist es, diesen die Vorzüge des elterlichen Hauses zu empfehlen und, falls Aufträge von anderen vorliegen, solche weiterzuleiten.

Für Johanngeorg Christian Hilliger liegt ein Auftrag vor, nämlich vom Vetter Wilhelm, der, nach Santiago verzogen, dort auf seine Ankunft wartet und umgehend telegrafisch benachrichtigt werden möchte.

Wilhelm Hilliger, seit seiner ersten Ankunft auf der dänischen Brigg *Creole* vor sechzehn Jahren, brachte schon einiges hinter sich, hat geheiratet, war dazu – wie wir wissen – auch wieder einmal in Hamburg, viel Erfolg war ihm allerdings bisher trotz mannigfacher Anstrengungen in jeder Hinsicht nicht beschieden. Der große Durchbruch steht wohl noch bevor, so jedenfalls hofft er. Kürzlich hat Wilhelm sein Domizil in Santiago aufgeschlagen, eine Tochter Renata erfreut sich dort seit einem Jahr ihres neuen Lebens.

Landeskenntnisse und ganz besonders die der Stadt und des Hafens Valparaíso beruhen aufgrund der großen Entfernung zur alten Welt naturgemäß auf Schilderungen längst vergangener Jahre. Johanngeorg Hilliger muss nun heute feststellen, dass dieses *Tal des Paradieses* sich inzwischen gewaltig verändert hat. In Begleitung des jungen Mannes vom *Hotel de Chile* überquert er die weiträumig angelegte *Plaza de la Aduana* vor der Passagier-Mole zum unweit gelegenen Hotel, dessen deutscher Besitzer von Wilhelm Hilliger über die Ankunft seines Lauenburger Verwandten bereits unterrichtet wurde. Zwar entspricht die Ausstattung des Hotels nicht ganz europäischen Erwartungen, Preis und Einrichtung liegen jedoch im Rahmen des Erschwinglichen. Jedenfalls ist ein Neuankömmling wie Johanngeorg erst einmal froh, wieder festen Boden unter den Füßen zu spüren, nachts nicht mehr auf harter, enger und schwankender Koje fern und trotzdem nahe anderer Leidensgenossen unter ewig feuchtem Bettzeug vor Frost zitternd auf Schlaf warten zu müssen.

Für den Nachmittag, gleich nach Ankunft, ist als Erstes ein Besuch beim preußischen Generalkonsul Fehrmann vorgesehen, für alle Fälle hat sich Hilliger – obwohl in dieser Zeit nicht preußischer, sondern sogar dänischer Untertan, das Herzogtum Lauenburg unterstand ja bei der Abreise wieder einmal der dänischen Krone – vor seiner Abreise aus Hamburg vorsorglich mit Empfehlungsschreiben aller Arten und Adressaten ausstatten lassen.

Hinter dem *Hotel de Chile* erheben sich graue, sterile Felsen, die direkt an Bergketten anschließen und deren Höhe von Hilliger auf circa zweihundert Fuß geschätzt werden. Die Bergketten umschließen die Bai in einem Halbkreis, diese reichen an einigen Stellen bis zu vierzig Fuß an das Meer heran. Die Felsen und Berge aus Granit und rotem Ton um die Bucht bedecken wenig fruchtbare Erde, sie bringt gerade nur dorniges Gestrüpp und kandelaberartige Kakteen hervor, allerdings, wo das Land sich zur Ebene erweitert, beleben gutgebaute Häuser mit gepflegten Gärten das Panorama.

Ein ansonsten herrliches Klima – wenn ausnahmsweise nicht gerade heute –, eine entzückende Aussicht auf die Bai und die See, bevölkert von zahllosen Schiffen, prägen das Leben, den Handel und den Glanz dieser Stadt, dem sich der Ankömmling nicht entziehen kann. Jedenfalls entspricht dieser erste Eindruck der Stadt und des Hafens nicht den oft voreingenommenen Ansichten, die man im Allgemeinen in Europa zu hören bekommt.

Pünktlich um fünf Uhr nachmittags erklingt die Glocke des Hotels und ruft zum Essen, man nimmt Platz an einem Tisch, an dem sich schon ein gutes Dutzend Deutscher, zumeist Vertreter hanseatischer Handelshäuser, eingefunden hat. Jeder Neuling wird stürmisch begrüßt:

„Na, wo kommen Sie denn her? Aus Lauenburg, wo liegt denn das?"

Die im Vergleich zu Hamburg doch recht kleine Stadt Lauenburg, wenn auch jetzt Sitz eines Herzogs unter dänischem Patronat, scheint manchem unbekannt.

Zum ersten Mal nach den Entbehrungen einer langen Seereise findet der Ankömmling frisch zubereitetes Essen aus der Hotelküche auf dem Tisch, vorbei sind die Tage der Linsen-, Bohnen- und Gerstensuppen mit gepökeltem Schinken oder Rindfleisch. Manchmal, das muss der just Eingereiste allerdings zugeben, gab es an Bord sogar Fisch, als Sonntagsbraten gelegentlich auch Fleisch vom Huhn oder Schwein, frisch geschlachtet, hin und wieder mal dazu zähe Trockenpflaumen.

„Wie sieht es denn drüben aus? Haben die Revolutionäre etwas erreicht? Ist die Armee eingeschritten? Wurde geschossen? Gab es viele Tote? Meine Familie lebt bei Cassel, seit einem Jahr habe ich nichts mehr von ihr gehört."

Hundert Fragen schwirren durch den Raum, natürlich ist, dass man ausgefragt wird, was gerade die alte Heimat bewegt, die Ereignisse der Achtundvierziger Jahre liegen hier noch gar nicht so lang zurück. Zeitungen, Gazetten werden ausgetauscht, seien sie auch noch so alt. Auch die kleinste, manchem unwesentlich erscheinende Nachricht findet interessierte Abnehmer.

Nach dem Essen beschließt die Gesellschaft, den gerade erst vor wenigen Jahren gegründeten Deutschen Verein aufzusuchen, Vetter Wilhelm gehörte dem Gründungsausschuss an.

In dem noch provisorisch anmutenden Heim in der *Calle del Cabo* geht es recht hoch her, kann doch die Stadt auf eine zahlreiche Gesellschaft Angehöriger deutscher Handelshäuser und hanseatischer Schiffsagenturen zählen. Noch ist Deutschland in eine Unzahl großer, kleiner und kleinster Staaten zerteilt, aber hier in Valparaíso will man das nicht wahrhaben, sogar an eine allgemeine Deutsche Schule für die Kinder aus deutschen Familien wird schon gedacht, haben doch viele der Handelsvertreter ihre Familien nachkommen lassen oder gar hier Frauen geheiratet, die mutig allein den Weg zu diesem fremden Gestade gewagt haben.

Verständlich, dass Johanngeorg Christian Hilliger an diesem ersten Tag in Chile recht müde ist und erst einmal ausschlafen will. Seine Schritte führen ihn zurück zum *Hotel de Chile*, während andere beschließen, es dürfen an die zwanzig Besucher des *Club Aleman* sein, dem ein wenig anrüchig sein sollenden *Barrio Almendral* einen Besuch abzustatten. Er kann das ja später nachholen.

Dr. Piderit, kürzlich aus Detmold eingetroffen, weist bedacht auf eventuelle Gefahren hin, die in den *Chinganas* des Barrio Almendral schlummern könnten.

„Also, ich würde da sehr vorsichtig sein. Die Französische Krankheit geht hier um wie die Pest, passen Sie gut auf!"

Die Mahnung wirkt. Zu guter Letzt sagen nun doch noch einige wenige der fröhlichen Gesellschaft ab, der Rest besteigt zwei oder drei *Birlochos*, die angetrieben von struppigen Gäulen rasch Trab aufnehmen.

Die erste Entscheidung:
Bleiben oder Nichtbleiben

Aufgeweckt am ersten Morgen vom geschäftigen Leben der Hafenstadt, genießt der Ankömmling zunächst das reichhaltige Frühstück, bevor er sich in das Getümmel stürzt, das Straßenhändler, Schausteller, Musiker und Schaulustige bieten. Alles Erdenkbare wird von männlichen und weiblichen Verkäufern angeboten, es überwiegen natürlich Fische und Seegetiere aller Arten und Größen, frisch aus dem Meer oder bereits zubereitet nach vielerlei Rezept, Obst, Gemüse, Mehl, Holzkohle, dazwischen vollführt ein Künstler sein Schauspiel, musikalisch begleitet von einer Drehorgel, an deren Kurbel ein Mann dunkelhäutigen Gesichts unter einem breitkrempigen Hut, der, zum Vergnügen des Publikums, einen Affen an kurzer Leine führt. Durch sie hindurch, Platz schaffend unter Müßiggängern, Matrosen, dunklen Gestalten, die wenig Vertrauen erwecken, Wagen aller Größen und solchen, die den mannigfaltigsten Zwecken dienen und anscheinend ohne jede Regel die engen Gassen füllen, sich gegenseitig die Vorfahrt streitig machen und dies alles mit gewaltigem Stimmaufwand, gelangt Johanngeorg Hilliger endlich zum *Comptoir* von Schütte & Post, der ältesten Niederlassung eines Bremer Handelshauses an der Pazifik-Küste. Hier waltet seines Amtes Arnold Theodor Droste, Konsul der Hansestadt Bremen. Wie zuvor bei den Preußen, auch für diesen Besuch kann Jorge Hilliger mit Empfehlungsschreiben aufwarten.

Es gehört sich nun einmal für einen distinguierten hanseatischen Konsul, so erwartet dieser den Besucher im dunklen Anzug mit steifem, gestärktem Hemdkragen. Auch am fernen Pazifik weiß man zu schätzen, den Umständen entsprechend würdig aufzutreten.

„Mit den Zeugnissen werden Sie hier sofort eine gute Stellung finden, man wartet ja geradezu auf tüchtige junge Männer mit guter kaufmännischer Ausbildung. Sie waren in Mölln, Lüneburg und sonst wo."

Johanngeorg Christian Hilliger blättert weiter in seinen Papieren, zieht noch das eine oder andere hervor, dessen Vorlage ihm wichtig erscheint.

„Da wäre auch noch das hier! Ich hatte allerdings an etwas Aufregenderes gedacht, als am Pult eines *Contors* zu stehen, so etwas wie in der Wüste am Salpeter, man hat mir gute Adressen genannt."

Konsul Droste lächelt, schiebt ein paar Blätter auf seinem Schreibtisch zurecht, versteckt unter ihnen die Zigarrenkiste. Da wird dieser junge Mann doch nicht etwa erwarten, dass man ihm eine anbietet.

„Das haben schon viele gedacht. Salpeter gibt es in Peru, nicht in Chile, neuerdings auch in Bolivien und da geht es hart her. So mancher ist schon abgerissen, gesundheitlich kaputt und ohne einen Pfennig zurückgekommen. Ein geregeltes Recht, wie wir es kennen, gibt es dort nicht. Eine Reise da hin würde ich mir vorher gründlich überlegen. In der Wüste, und das ist die trockenste auf der ganzen Welt, haben Sie niemanden, an den Sie sich im Notfall wenden können. Denken Sie an das, was ich Ihnen sage: Hier erwartet Sie ein gesicherter Arbeitsplatz, dort die Hitze, die Trockenheit, der Sand, der Staub dringt durch jeden Spalt, die Hölle auf Erden."

Der Konsul erhebt sich, dreht sich um, Hilliger hat das Gefühl, er möchte dem Gespräch ein Ende bereiten.

„Hier haben Sie die Brauerei Plagemann, Confiteria Hucke, Stahr und Mex, Vorwerk, auch kann ich Ihnen eine der ältesten deutschen Firmen hier empfehlen, Huth und Grüning, versuchen Sie es da einmal. Gerade vor ein paar Tagen habe ich gehört, dass man dort einen strebsamen jungen Mann braucht und Sie bringen ja eine ordentliche hanseatische Ausbildung mit."

Ja, was soll man machen? Im Büro sitzen oder am Pult stehen, das Hauptbuch führen, lässige Hafenarbeiter antreiben, abends im Verein Bier von Plagemann trinken und goldenen Zeiten in Lauenburg nachweinen, die gar nicht so golden waren? Die Tage bis zur Rückreise nach Hamburg oder Bremen zählen?

Es ist ihm, als ob es plötzlich im Kopf klingelt: *Geh doch einfach einmal hin und erkundige dich, wann geht überhaupt ein Schiff Richtung Nord.* Erkundigungen einzuziehen, fragen kostet ja nichts.

Es ist noch gar nicht lang her, seit die britische *Pacific Steamt Navigation Company* drei neue Dampfer auf der Pazifik-Route in Betrieb genommen hat, sie sollen ungefähr im Vierzehntage-Rhythmus die Pazifik-Küste bis zu den Häfen von Gran Colombia befahren. Wurde gestern Abend im Verein erzählt.

Gedacht, getan, höflich verabschiedet sich Jorge von Konsul Droste, bedankt sich unter der Tür:

„Ich werde es mir überlegen, Sie waren sehr freundlich, mich zu empfangen und mir diese wichtigen Hinweise zu geben. Werde heute und morgen in den genannten *Contors* meine Aufwartung machen", allerdings mit dem heimlichen Hintergedanken, gar nicht erst „bei den genannten *Contors*" vorzusprechen.

Sein Weg führt geradewegs zur Agentur der *Pacific Steam*. Dort herrscht großer Trubel, es drängen sich Arbeiter aus niederen Gesellschaftsklassen, solche, die auf Arbeit in den Minen des Nordens Chiles oder in der Wüste von Peru hoffen, teils schon angeworben, die Werbeprämie bereits ausgegeben, in Wein direkt aus dem Fass oder gar billige *Chicha* umgesetzt, andere auf gut Glück, hohlwangige, blasse Büromenschen, denn auch solche werden gebraucht, Damen, deren Kleidung und geziertes Benehmen auf den ersten Blick Rückschlüsse auf ihr Gewerbe zulässt. Man höre und staune, Silber wurde bei Copiapó gefunden, ganze Berge sollen Silber enthalten, man brauche nur ein bisschen zu kratzen und schon sei man ein reicher Mann. Die Gerüchte überschlagen sich. Eine Eisenbahn zu den Silberminen sei in Betrieb, es genüge, den Zug zu besteigen. So mancher arme Schlucker sei nach kurzer Zeit *Erster Klasse* zurückgekommen, Beutel und Taschen voller Silber. Auch die leichten Damen des ältesten Gewerbes der Welt möchten am Gewinn teilhaben, kann man doch verstehen.

Natürlich, Eisenbahn. Der Bau einer Bahn von Valparaíso nach Santiago hat begonnen, ist jedoch nach ein paar Erdbewegungen ins Stocken gekommen und liegt darnieder, trotz der der Bibel entnommenen frommen Segenswünsche des Erzbischofs, welcher der Eisenbahn goldene Zeiten prophezeit habe. Noch ist der Reisende auf eine umständliche und unbequeme Kutschenfahrt zur Landeshauptstadt Santiago angewiesen. Eine Telegraphenleitung dagegen sei seit kurzem in Betrieb, an ihrer Erweiterung in Richtung Südchile werde gearbeitet.

Der Besucher im *Booking Office* der *Pacific Steam*, der *Linea Inglesa* wie sie hier genannt wird, wird im Gedränge mehr gestoßen als geschoben, ihm auf die Füße getreten.

„Sir, would you please come in!"

Der im Vergleich zur landesüblichen Konfektion aus grober Wolle bessere Tuchanzug im europäischen Schnitt hat seinen Eindruck nicht verfehlt. Publikum, das auf *Erste Klasse* schließen lässt, wird in einer besonderen, selbstverständlich von den rangniederen Klassen getrennten *Office* abgefertigt und das natürlich auf Englisch oder, falls es nicht gar nicht anders geht, auf *Spanglish*, einem Spanisch mit starkem britischem Zungenschlag.

Der nächste Dampfer – es ist die *Lima* – für alle Häfen an der Küste bis Panama über Guayaquil in Nueva Granada soll am 28. Januar ablegen, das Billett ist in britischen Pfund zu erlegen, aber das wäre sowieso kein Problem, beruht die chilenische Währung doch auf Golddeckung. Johanngeorg Hilliger trägt seine Ersparnisse aus Salzwedeler Zeit in britischen Pfund bei sich. Kurzentschlossen belegt er eine Kabine erster Klasse nach Iquique, muss allerdings zur Kenntnis nehmen, dass er diese mit einem anderen männlichen Reisegenossen zu teilen habe.

Ja, und da bleiben wenig mehr als zehn Tage, die er sich in Valparaíso um die Ohren zu schlagen hat, jedoch sicher wird sich allerhand finden. Womit er nicht Unrecht behalten wird.

Vetter Wilhelm aus Santiago

Im Hotel taucht nun Vetter Wilhelm aus Santiago auf, ganz begeistert scheint der über die baldige Abreise – und das auch noch nach Iquique, so weit – nicht zu sein, hat er doch auf eine, wenn nicht gar finanzielle Unterstützung seiner vielfältigen Vorhaben durch seinen frisch zugereisten Lauenburger Verwandten gehofft. Gerade jetzt, wo er seine landwirtschaftlichen Pläne südlich von Santiago in die Praxis umzusetzen gedenkt, soll doch bald auch eine Eisenbahn dicht vorbei an dem ins Auge gefassten Grundstück rollen. Außerdem wäre da noch etwas anderes, ganz anderes, aber darüber möchte er jetzt nicht sprechen, dafür müsste der Vetter schon nach Santiago kommen.

„Also Johanngeorg, ich habe da so ein paar Ideen", beginnt er seinen Vortrag, doch der Angesprochene unterbricht ihn.

„Ich habe auch Ideen, aber keinesfalls jeden Tag im dunklen Anzug ins *Contor* gehen zu müssen, geziert mit Krawatte und steifem Kragen. Ist nicht meine Absicht."

Wilhelm ist von mittlerer Statur, trägt jetzt den landesüblichen dunkelgrauen, hochgeknöpften Anzug über dem gestärkten weißen Hemd der Mittelklasse, was ihn aus dem Gros der Umgebung, dessen wichtigstes Kleidungsstück ein den ganzen Körper bedeckender *Poncho* ist, deutlich hervorhebt, das noch bestärkt durch die quer über den angehenden Bauch im Rhythmus seiner Schritte schwingende goldene Uhrkette. Das, trotz breitem *Sombrero*, stetigem Sonnenschein ausgesetzte, leicht angebräunte Gesicht ziert ein Schnauzbart, was dem einst Lauenburger ein lateinisches Flair verleihen soll, aber bei dem schütteren blonden Haar und solchen blauen Augen nicht mehr recht gelingen will. Immer wird man ihn als *Gringo* erkennen, bezeichnen und manchmal auch übers Ohr zu hauen versuchen. Zudem hat er sich angewöhnt, seine Ansprachen durch erklärende Gesten zu begleiten, was wiederum hanseatischen Gebräuchen widerspricht, denn heißt es da nicht: Du sollst deine Hände stillhalten!?

„Ich muss bald wieder nach Santiago zurückfahren, das dauert zwei Tage mit einer Übernachtung, die es in sich hat. Da liegt eine Menge Menschen in einem großen Raum auf Strohsäcken, du kannst dir vorstellen, die Geräusche in der Nacht. Da hüpfen die Flöhe hin und her, von Sack zu Sack, kennen keine Unterschiede des Standes oder des Geschlechtes."

„Kann ich mir denken, dazu noch zwei Tage hin und zwei zurück, da verliere ich vier Tage von den acht, die mir bleiben. Also, ich bleibe hier, das *Hotel de Chile* ist nicht schlecht und abends gehe ich in den Verein. Zwar hast du mich in Iquique an eine Firma empfohlen, ich muss mich aber auch noch woanders erkundigen, was so alles in Iquique vor sich geht, an wen muss ich mich sonst noch wenden, wo kann ich anfangen? Es geht auch darum, mein bisschen Geld zusammenzuhalten, denn, wann werde ich eigenes verdienen? Das weiß man ja nicht vorher."

Valparaíso ist eine Stadt, die sich in wenigen Jahren gewaltig verändert hat und das zu ihrem Besten. Neue Gebäude, die an Londoner Geschäftshäuser erinnern, das Stadtzentrum hinterlässt einen europäischen Eindruck, die Geschäfte blühen. Täglich legen Schiffe aus Europa an, bringen Waren, die sich rasch zu Geld machen lassen, kehren zurück beladen mit Gold, Silber, Kupfer, das noch der Weiterverarbeitung in einer englischen Hütte bedarf, Fellen und anderen Gütern, während nach Kalifornien Dinge des täglichen Bedarfs, Getreide und sogar fertig gemahlenes Mehl abgefüllt in Fässern zu den wichtigsten Frachten zählen. Nur die Dampfer der *Pacific Steam Navigation* besuchen die kleineren Häfen entlang der pazifischen Küste, sie dienen als Zubringer der Vollschiffe, die über eine größere Ladekapazität verfügen.

In den Sommermonaten flieht die chilenische Regierung mit allen Ministern vor der Hitze der Hauptstadt Santiago und verlegt ihren Sitz in das neue Gebäude an der *Plaza de la Aduana*, wie überhaupt die chilenische Gesellschaft an heißen Sommertagen gern am Ufer des Pazifiks die frische Brise genießt.

„Dann ist es wohl besser, wenn ich schnell wieder abreise." Vetter Wilhelm zieht es nach Hause, dort harrt seiner dem erwarteten großen Geschäft – und einem Geheimnis -– „aber vorher machen wir noch einen Besuch bei einer chilenischen Familie, die ich seit ein paar Jahren kenne. Hier ist Donnerstag *jour fixe.*"

„Also ich schicke dich nicht fort, meinetwegen kannst du ruhig noch ein paar Tage bis zu meiner Abreise bleiben. Aber, sag einmal, man sieht hier viele etwas fragwürdig aussehende Gestalten herumsitzen oder liegen, ist das Pflaster denn sicher?"

„Kein Problem, hier wird nicht gestohlen. Der Hafen, der Kommerz haben viele und nicht schlecht bezahlte Arbeitsplätze geschaffen. Die Polizei sorgt für Ordnung, das größte Problem ist nur das Saufen. Die Leute arbeiten ein paar Tage, dann setzen sie aus, besaufen sich und wenn sie kein Geld mehr haben, arbeiten sie wieder, bis sie das Geld zusammenhaben, um sich erneut zu betrinken. So beginnt das Karussell von Neuem. Raufereien und Messerstechereien gibt es unter ihnen, wir bessere Leute werden in der Regel in Ruhe gelassen."

Der Vetter ist besorgt um den Ruf der Hafenstadt, jetzt „seiner" Hafenstadt. Hafenstädten geht nunmal die zweifelhafte Atmosphäre der Zwischenfälle, des fragwürdigen Vergnügens voraus. Valparaíso soll nach seinen Vorstellungen eine Ausnahme sein, aber bei den vielen herumstreunenden Seeleuten der zahllosen im Hafen liegenden Schiffe dürften Krawalle doch nicht ganz ausgeschlossen sein.

„Ja, und wenn sie besoffen sind, machen sie da nicht Krach und Ärger?" Johanngeorg gehörte zwar nicht zu den ständigen Besuchern einschlägiger Gassen und Hafenkneipen in Hamburg, aber etwas hat man doch vernommen, natürlich ganz zu schweigen von Lüneburg und Salzwedel, wo man des Abends früh zu Bett zu gehen pflegt.

„Dann werden sie von der Polizei aufgelesen und eingesperrt, bis sie wieder nüchtern sind, ein probates Mittel."

Und so plätschert die Unterhaltung dahin, während sie langsam die *Calle de Blanco* entlangbummeln. Was sichtlich auffällt, denn hier bummelt niemand, hier haben alle etwas zu tun, die Stadt quirlt vor Geschäftigkeit.

Einfach nur so herumbummeln war nie Eigenschaft des hanseatischen Zugereisten, sodass er rasch den Vorschlag annimmt, der *Quebrada de Zorra* einen Besuch abzustatten, die einen reichhaltigen und umfassenden Einblick in eine recht üppige Vegetation bietet, dank einer im Verborgenen recht spärlich sprudelnden Quelle. Der Weg da hin wird zu Pferd zurückgelegt, dem Hanseaten eine ungewohnte Beförderung, sie erfordert Gewöhnung, wird jedoch schadlos gemeistert. Gerade rechtzeitig, um ins Hotel zurückkehren zu können, wo passende Gesellschaftskleidung aus den Tiefen der Reisekiste hervorgeholt und wenigstens halbwegs hergerichtet werden muss, denn seit dem letzten Besuch der Salzwedeler Loge „Johannes zum Wohle der Menschheit" hat diese das Tageslicht nicht mehr erblickt.

Die Familie des Don Pascual empfängt die Ankömmlinge mit einem herzlichen Willkommen, das dem Neuling ungewohnt, Vetter Wilhelm jedoch durchaus landesüblich vorkommt. Johanngeorg Christian kann sich nicht erinnern, in einem fremden Haus gleich an der Tür jemals so freundlich empfangen worden zu sein, besonders da ihm die Familie unbekannt, er ja die Schwelle des Hauses zum ersten Mal und dazu noch von weither kommend überschreitet. Sie werden in einen großen Empfangsraum geleitet, „Salon" genannt, in dem schon andere Gäste teils stehen, teils sitzen, denen Getränke gereicht und ein kleiner Imbiss angeboten wird. Trotz noch recht dürftiger Beherrschung der spanischen Sprache durch Johanngeorg Christian und einer dadurch bedingten Teilnahme, gelingt es ihm, Wesentliches mitzubekommen, dreht sich das Gespräch doch offenbar um die letzten politischen Ereignisse in der Hauptstadt, die kürzlich erfolgte Eröffnung der Börse und den Kurs der Aktien, den schleppenden Beginn des Baus einer Eisenbahn nach Santiago und das Wunder des Telegraphen, der eine blitzschnelle Übermittlung von Nachrichten zwischen Santiago und Valparaíso ermögliche, wenn auch zu einem hohen Preis, verglichen mit dem Postweg, der immerhin zwei Tage benötige. Übrigens habe die Postverwaltung gerade Briefmarken eingeführt und sei damit europäischem Vorbild gefolgt.

Das muntere Geplätscher der Unterhaltung wird von der Dame des Hauses unterbrochen, sie kündigt eine künstlerische Darbietung ihrerseits und ihrer Tochter an. Die junge, recht hübsche Tochter des Hauses – sie ruft sogar Bewunderung bei dem bislang eingefleischten Junggesellen Johanngeorg Christian Hilliger hervor – beherrscht das Klavier, begleitet ihre Mutter, die eine Arie vorträgt, welche allerdings dem Zugereisten mangels eigener musikalischer Kenntnisse unbekannt vorkommt, aber trotzdem gefällt, was auch die übrigen Anwesenden durch begeisterten Applaus zu würdigen wissen.

So geht es weiter. Vetter Wilhelm hat sich mit anderen Herren kurzfristig zurückgezogen, gewiss hat er wieder ein größeres Projekt in petto. Der zugereiste Johanngeorg Christian erhält inzwischen Einladungen, Adressen werden ausgetauscht mit der Aufforderung, während seines kurzen Aufenthaltes in Valparaíso doch dieser und jener Familie unbedingt noch einen Besuch abzustatten.

Es geht auf elf Uhr nachts zu, als die beiden Herren den Heimweg zum *Hotel de Chile* antreten, Johanngeorg tief beeindruckt von der Gastfreundlichkeit, die ihm, einem Unbekannten, entgegengebracht wurde, der Vetter von den Möglichkeiten eines neuen Geschäftes, das irgendwann in weiter Ferne winken könnte. So erfährt der frisch Zugereiste, dass es sich bei Don Pascual um einen wohlhabenden Großgrundbesitzer handele, der in Richtung Santiago, genauer gesagt im Casablanca-Tal, einen Gutshof sein Eigen nenne und durch Lieferung von Getreide und anderen Landesprodukten, die er auch von anderen Gutsbesitzern aufkauft, an die Goldgräber in Kalifornien sein ohnehin beträchtliches Vermögen noch erheblich aufzubessern in der Lage sei.

Der Abschied kommt am Tage nach der *Jour Fixe* im Hause des Don Pascual. Johanngeorg begleitet seinen Vetter gegen fünf Uhr morgens in einem zweirädrigen *Birlocho* zur *Avenida de las Delicias*, dort stehen vierrädrige Kutschen einer merkwürdigen Bauart, gezogen von je vier Pferden, zur Abfahrt bereit. Verglichen mit den gelben Postkutschen seiner Heimat machen sie einen dürftigen Eindruck, aber will man nicht hoch zu Ross die achtzig spanischen Meilen zurücklegen, was dem ungeübten Reisenden in der Regel erhebliche Gelenkschmerzen des Nachts und – mehr noch – am nächsten Morgen verursacht, bleibt bis zur Fertigstellung der Eisenbahn keine andere Wahl.

„Solchen Karren getraust du dich anzuvertrauen? Gibt es denn nichts Besseres?"

Die Skepsis ist natürlich, aber will man nicht den horrenden Preis von sechzig Pesos für eine Extrapost ausgeben, ist man natürlich auf das landesübliche Transportmittel angewiesen, es sei denn, man mietet ein Pferd und nimmt damit die nicht ausbleibenden Rücken- und Gelenkschmerzen des folgenden Morgens in Kauf.

„Wir werden uns wohl so bald nicht wiedersehen, aber wenn du mal nach Santiago kommen solltest, dann besuche mich in Rosario. Von Santiago sind es nur knappe sechzig Meilen mehr und an der Eisenbahn wird gebaut."

Kurz gestaltet sich der Abschied. Peitschenknallen, Rufe – eigentlich schon Gebrüll –, letzte Abschiedsszenen, die Karawane setzt sich in Bewegung, dazwischen Ochsenkarren, die für eine gewaltige Staubwolke sorgen, in deren Dunst bald das Gefährt entschwindet, in dem Vetter Wilhelm die Reise nach Santiago angetreten hat.

„Ich schicke ein Telegramm, sobald ich in Santiago angekommen bin. Mal sehen, ob dieser neumodische Telegraph wirklich so gut und so schnell ist!"

Zurück wandert Johanngeorg zu Fuß. Der frühe Morgen lässt eine frische Brise durch die langsam in Bewegung geratenden Straßen wehen, alle noch ungepflastert und daher bald von aufwirbelndem Staub bedeckt. Ein leckeres zweites Frühstück wartet im Hotel, ganz anders als an Bord der *Hindostan,* wo man sich auf der langen Reise morgens mit trockenem Brot und Zwieback zufrieden geben musste, es sei denn, die Frauen an Bord hatten Gelegenheit, ihre Künste in der Anfertigung von Kuchen und Torten zu zeigen. Vor kurzem habe, so wird im Hotel erzählt, auch schon ein deutscher Bäcker eine Backstube in Valparaíso eröffnet.

Rasch vergeht wieder einmal der Tag, abends im Deutschen Verein trifft sich die alte Truppe von den Tagen zuvor, Bier hat die Brauerei Plagemann angeliefert, Johanngeorg Hilliger fühlt sich beinahe schon wie zuhause. Einlaufende und ausgehende Schiffe liefern das Thema, Häfen werden genannt, einer der Herren weiß zu berichten, Brigg *Fortuna* nehme noch Fracht nach Cobija und damit im Transit nach Bolivien auf, obwohl der Weg über

Arica und Tacna bestimmt empfehlenswerter sei. Alles in allem eine gründliche Verbesserung der noch recht schwachen Kenntnisse der geografischen Verhältnisse des Landes für unseren neuen Gast.

Es wird Sonnabend, die Zeit tröpfelt dahin. Noch fehlt eine Woche bis zur Ausfahrt der *Lima*. Ein paar Besuche in deutschen Handelshäusern stehen an, auch haben neue Bekannte aus dem Deutschen Verein zur Besichtigung ihrer Niederlassungen eingeladen, es folgt eine Einladung zu einem Mittagessen mit Herren der Firma Vorwerk, einem Hamburger Unternehmen, seit Jahren im Außenhandel tätig und seit kurzem auch in Valparaíso ansässig. Sollte es einmal zu guten Geschäften im Salpeter kommen, könnte eine Verbindung zu dieser Firma sich als nützlich erweisen, hat man doch auch gleich eine Empfehlung zur Hand:

„Kommen Sie nach Iquique, wenden Sie sich an *Ceballos &Ugarte* oder an die Herren Corssen und Lafrentz, die schon im Salpeterhandel tätig sind. Aber bedenken Sie, das ist nicht Chile, das ist Peru, da sind die Gebräuche etwas lockerer."

Ceballos & Ugarte scheint wohl eine recht bekannte Adresse zu sein, schon in Hamburg hatte man sie ihm empfohlen, hatte Johanngeorg sich bei ihr angemeldet. Vetter Wilhelm konnte mit guten Referenzen aufwarten.

Abends trifft man sich wieder im Deutschen Verein. Der Name Hilliger hat hier Gewicht, steht doch ein Hilliger auf der Liste der Gründer, auch wenn es nur der Vetter war.

„Heute wollen wir wieder einmal Tante Olga besuchen, wer kommt mit?"

Wer ist Tante Olga?

Tante Olga bedarf einer Aufklärung. Ehrlich zugegeben, es handelt sich um ein Bordell, allerdings der gehobenen Klasse. Hier verkehren keine Matrosen, schon die Preislage beschränkt den Kundenkreis auf Kapitäne und solche in der Rangliste „nach oben". Eine kleine Diskussion entsteht, manche wollen, andere nicht, aber rasch einigt man sich, ruft nach einem *Birlocho*. Der Kutscher hat wohl schon mit der Fuhre gerechnet, er steht wartend vor der Tür. Der Weg zur Tante Olga ist ihm wohlbekannt.

Wieder warnt Doktor Piderit. Er hat Erfahrungen gemacht. Manchmal bis zu sechzig im Hafen liegende Schiffe und deren zur Entwöhnung verurteilte Matrosen – von langer Enthaltsamkeit geplagt – haben für eine rapide Verbreitung von Geschlechtskrankheiten geführt, deren Behandlung im Grunde noch unbekannt ist und sich lediglich auf schmerzlindernde Bäder in Schwefel- und Jodlösungen beschränkt. Die Krankheit hat sich desaströs ausgeweitet, schließt auch Männer der gehobenen Gesellschaftsklassen ein, denn ein vor- oder gar außerehelicher Verkehr ist für Töchter der besseren Häuser undenkbar. Demzufolge muss man sich anderweitig bedienen.

„Ich warne Sie, passen Sie auf. Halten Sie sich fern von den liederlichen Frauenzimmern, die es da gibt! Ich will nicht einen von ihnen bei mir in der *Consulta* sehen, denn dann ist es in der Regel zu spät!"

„Na ja, Doktorchen, wir wissen doch Bescheid. Und übrigens, irgendwann kehren wir nach Hamburg zurück und dort wird es dann schon etwas geben."

Tante Olga empfängt in einer üppig dekorierten Halle, überall bedecken Gobelins und seidige Traperien die Wände. Üppig wie die Halle ist auch Tante Olga drapiert, gekleidet in Samt und Seide, behängt mit jeder Art Gold und Silber, ob falsch oder echt ist nicht feststellbar, verfehlt jedoch nicht den ersten Eindruck, den sie und dieses *Etablissement* auf den Besucher hinterlassen. Ihr Gesicht versteckt sie hinter einer dicken Schicht Schminke, was keinen Rückschluss auf ihr Alter oder gar ihr Vorleben zulässt, wohl auch nicht zulassen soll.

Die Kunden werden in den Salon geleitet, ein schon seit längerem nicht mehr gestimmtes Klavier ertönt im Hintergrund, wird von einem in dunklem Anzug mit langen weißen Manschetten gekleideten Herrn mit Nachdruck bearbeitet. Rings auf diversen Sesseln warten die Damen, züchtig ausstaffiert in langen Kleidern, diese aber auffällig bunt gefärbt und gekonnt gefaltet, sodass sofort der Unterschied zu den Damen des *Jour fixe* erkennbar wird. Man bemerke, die Falten können leicht und rasch zurückgeschlagen werden. Die Herren nehmen zunächst an einem kleinen Tisch Platz, ein dienstbarer Geist bietet Wein und *Chicha* an. Zwar fehlen Johanngeorg einschlägige Erfahrungen aus der Hamburger Szene, aber so kann er sich lebhaft die Reeperbahn vorstellen, sicher hat man von dort und anderen Hafenstädten die notwendigen Lokalkenntnisse bezogen.

Nach und nach verteilt sich die Gesellschaft, aber lang braucht der gerade Zugereiste im europäischen Tuchanzug nicht allein zu sitzen. Eine der jungen Damen aus der Reihe ringsum nimmt bald unaufgefordert an seinem Tisch Platz und beginnt ein Gespräch. Die übrigen Herren haben sich diskret bald und schnell verzogen.

„Sie scheinen noch nicht lange hier zu sein? So sehe ich es."

Das Erlernte aus Kurzlehrgängen „Tausend Worte Spanisch" hat solche Situationen nicht vorgesehen, also muss Johanngeorg improvisieren. Er möchte nicht gerade unhöflich sein, erzählt, stottert sich etwas zurecht von der langen Überfahrt, dem Sturm am Kap Hoorn und anderen überstandenen Gefahren, die er – natürlich wie immer tapfer zur Rechten des Kapitäns – heldenhaft gemeistert hat, das geben seine Sprachkenntnisse gerade noch her.

„Sie werden sich das kaum vorstellen können: Da kamen Wellen haushoch ..."– *Wie heißt das denn gleich auf Spanisch?* Hilliger macht eine erklärende Handbewegung – „ja, so hoch wie ein Haus. Das Schiff lag schrecklich schief, tauchte tief ein, kam wieder hoch. Die Fugen, die ganze Struktur ächzte. Alle anderen lagen in der Koje und es war ihnen hundsmiserabel."

Kaum vorzustellen, welche Energie er, nach eigener Angabe, aufzuwenden in der Lage war, um trotzig den Gewalten des Meeres standhalten zu können. Die Dame zeigt Bewunderung für solche Heldentaten am Kap Hoorn, fühlt sich animiert und erzählt von sich.

„Ja, ich komme vom Land, aus einer Landarbeiterfamilie, zum Dienst im Haushalt des Gutsherrn abgeordnet bei freier Kost, Kleidung und Schlafstelle in einem Kellergelass, natürlich ohne Gehalt. Dafür müsse ich doch wirklich sehr dankbar sein, wurde mir ständig vorgehalten."

Solche Geschichten kommen Johanngeorg bekannt vor, hat es wohl auch in seiner Heimat gegeben. Da noch ein wenig unsicher, zaghaft, was den eigentlichen Zweck dieses Besuches betrifft, bekundet er durch zusagendes Kopfnicken sein Interesse an einer Fortsetzung.

„Da ein wenig flinker, intelligenter und auch vielleicht *un poco más bonita* als die übrigen *Huasitas*, den Mädchen vom Lande, wurde ich bald zum Servieren bei Tisch abgeordnet, vielleicht sogar auf Wunsch des *Patrons*. Der schien ein Auge auf mich geworfen zu haben, das merkt man doch, fühlt sich vielleicht auch ein wenig geschmeichelt, ist übrigens nichts Neues auf dem Lande. Im Alter von siebzehn Jahren wurde ich dann vom Bräutigam, dem *Novio* der Tochter des Hauses, durch Versprechungen und kleine Geschenke ins Bett gebracht, die Sache flog auf und ich damit hinaus."

„Aber das war doch ungerecht, haben Sie nicht die Wahrheit gesagt?"

Seine, auch unter misslichen Begleitumständen stets präsente hanseatische Erziehung lässt Johanngeorg nicht auf Förmlichkeiten verzichten, er bleibt beim „Sie", sie dagegen beantwortet die Naivität des Zugereisten mit einem kurzen, trockenen Lachen.

„Natürlich bekam der *Novio* Recht, ich hätte ihn verführt, das sehe man mir doch an, und regelrecht gezwungen mit mir zu schlafen. Übrigens sei ich ein ganz und gar verderbtes Wesen, so der *Novio*. Auch meine Eltern haben mich hinausgeworfen, ich hätte Schande über die Familie gebracht, so das Wohlwollen des *Patrons* schamlos auszunützen, wo man mir doch eine so gute Stellung geboten habe, aber auch, hätten sie mich behalten, liefen sie ebenfalls Gefahr, Arbeit und *Rancho* zu verlieren. Nur ein Onkel hat mich anfangs ein wenig unterstützt, aber das hat nicht gereicht. Jetzt sitze ich da, mit Kind, ohne Geld, an eine Arbeit für mich unter diesen Umständen ist überhaupt nicht zu denken, ohnehin werden Frauen nur als Hausmädchen angestellt und das in meiner Lage, ohne Zeugnis, mit Kind, ist einfach unvorstellbar."

Die Umgebung, Plüsch, die Vorhänge, das Klavier, das Halbdunkel, hier und dort nur eine Kerze auf einem schon ein wenig verbogenen, durch viel Gebrauch schwarz angelaufenen Ständer, ein leicht in der Luft schwebender Geruch nach undefinierbarem Parfüm lassen Hilligers Gedanken einen Vergleich aufkommen: Nein, in einer preußischen Garnisonsstadt wie dem gutbürgerlichen Salzwedel darf es so etwas natürlich nicht gegeben haben, glaubt er zu wissen. Aber allerdings, die eigene Geburt war ja auch mit einem Schleier des Unbekannten bedeckt. Das hier ist neu, ungewohnt, südländisch, wird man sich wohl daran gewöhnen müssen.

Seine Reaktion ist pragmatisch, beruht auf einer Erziehung und Erfahrung, die wiederum zu einer mit Erfolg beendeten Ausbildung zum ehrbaren und sittsamen hanseatischen Kaufmann geführt haben.

„Und da gab es keine andere Lösung als in ein Bordell zu gehen?"

Ein Achselzucken sagt mehr als eine Antwort.

„Vielleicht schon. Eine Heirat mit einem anderen jungen Landarbeiter. Das wird häufig praktiziert, ist vielleicht sogar meinen Eltern passiert, weiß ich nicht. Ich wollte aber nicht einen Schweinehirten heiraten und dann mit ihm ein Kind großziehen, das nicht von ihm ist. Vielleicht war mir auch das schöne Leben im Hause des *Patrons* in den Kopf gestiegen.

Und da sitze ich nun bei *Señora* Olga. Wir sind hier mehrere in der gleichen Lage, immerhin behandelt sie uns gut, wir bekommen zu essen, es ist sauber und ich habe hin und wieder einen freien Tag, auch etwas Geld auf die Hand. Wenn ich hier arbeite, wird auf meine kleine Tochter aufgepasst. Sie heißt übrigens Micaela, genau wie ich. Das ging gar nicht anders, denn eine Taufe kam für sie nicht in Frage. Die Kirche tauft keine unehelichen Kinder, schon gar nicht aus einer Beziehung, wie ich sie erlebte."

Ja, was soll man da machen? Seinen ersten Eindruck mit einer Dame aus der Halbwelt hatte sich Johanngeorg eigentlich anders vorgestellt, etwas wilder, etwa so wie man sich das an deutschen Stammtischen unter Männern erzählt. Lange schwarze Haare, ebenso schwarze *spanische* Augen, Kleidung, die mehr offenbart als Moralpredigten erlauben, feuriger Tanz, Flamingo, nein Flamenco mit nackten Füßen auf Parkett und Tischen, aber das hier war ja ein Schicksal, wie es auch auf dem Lande weit hinten in Pommern oder Hinterbayern geschrieben sein könnte. Micaela heißt sie, scheint sich ja mit ihrem Leben abgefunden zu haben.

„Na, Don Jorge, Rendezvous beendet? Wir fahren jetzt zurück zum Verein auf ein kleines Bierchen. Kommen Sie mit?"

Es sind die Kollegen, sie sammeln sich am Ausgang. Dort hinter der Kasse waltet Tante Olga ihres Amtes.

„Wissen Sie, Micaela, ihre Geschichte hat mich beeindruckt. Ich komme gern wieder oder besuche Sie woanders, wo Sie wollen. Ich möchte Ihnen jedoch keinen finanziellen Schaden zufügen, deshalb werde ich den vollen Preis bezahlen, Ihnen lasse ich außerdem ein kleines Geschenk da."

Ein paar Pesos schiebt Johanngeorg Hilliger aus Lauenburg etwas verlegen über den Tisch, an der Kasse dagegen hinterlegt er den vollen Obolus für eine nicht empfangene Dienstleistung.

Munter über den froh verlebten Abend tritt die Gesellschaft die Rückfahrt auf dem *Birlocho* an, es geht zum Deutschen Verein, nur Johanngeorg Hilliger lässt sich am *Hotel de Chile* absetzen.

„Hat sie Ihnen auch die Geschichte erzählt von dem kleinen Landmädchen, der *Huasita*, die von ihrem *Patron* ins Bett gelegt wurde? Das erzählen sie alle, scheint in den meisten Fällen sogar zu stimmen. Das machen die hier so."

Kirche am Sonntag
und noch viel mehr

Sonntag ist Kirchtag, nicht nur in Chile. Auch in Uelzen, Mölln, Lüneburg und Salzwedel gehörte es zum guten Ton, sonntags dem Prediger andächtig zu lauschen und dann am Mittagstisch beim Lehrherrn eigene, natürlich fromme Gedanken dem Gehörten beizufügen. Nun ist Chile ein katholisches Land, die katholische Religion als einzige anerkannte, staatstragende *Confesion* in der Verfassung festgeschrieben. Folglich haben es Anglikaner, Lutheraner und die vielen zugereisten Angehörigen anderer Glaubensrichtungen schwer, ihren eigenen religiösen Überzeugungen nachzugehen.

Es muss aber gesagt werden, dass Valparaíso, verglichen mit der Hauptstadt Santiago, in vieler Hinsicht weitaus toleranter ist, vermutlich auch als Folge des regen Außenhandels mit der ganzen Welt. Trotz energischer Vorbehalte der katholischen geistlichen Amtsträger werden protestantische Gottesdienste von der Behörde zwar nicht direkt gestattet, aber geduldet, was immerhin dazu geführt hat, dass seit ein paar Wochen ein anglikanischer Vikar jeden Sonntag auf dem *Cerro Alegre* in einem Privathaus einen protestantischen Gottesdienst hält, der so ungefähr jeder Glaubensrichtung nachzukommen versucht, also nicht nur ganz auf die britische Staatskirche zugeschnitten ist. Allerdings, und das wurde Johanngeorg nach dem Bordellbesuch zugeflüstert, seien die Predigten stinklangweilig, zudem auf Englisch und mangels ausreichender Sitzgelegenheiten noch nicht einmal zum Schlafen geeignet.

Schon früh am Morgen kündigt sich der Sonntag an. Die im Hafen liegenden Schiffe aller Art ziehen Flaggen auf, Trommeln ertönen, Boote legen ab, dienstfreie Seeleute nutzen den Tag zum Landgang.

Nun war Johanngeorg Christian Hilliger in seiner Salzwedeler Zeit nicht gerade ein eifriger sonntäglicher Besucher der Mönchskirche, auch wenn das seine Lehr- und Wirtsleute bestimmt gern gesehen hätten, heute aber in Valparaíso möchte er doch den freien Sonntag nutzen, um Land und Leute näher kennenzulernen, Landesgewohnheiten zu erkunden.

Erinnerung an das Erlebte auf der *jour fixe* führt ihn erst einmal zur Kirche des *San Agustin* an der *Plaza Victoria*, dort soll sich dem Vernehmen nach die bessere

Gesellschaft der Stadt zur Messe einfinden. Vielleicht trifft er, so hofft er jedenfalls, bei einer solchen Gelegenheit diesen oder jenen seiner neuen Bekannten vom Donnerstag. Glockenklang weist den Weg, wenn auch ihr Ton nicht an den vollen, würdigen Klang erinnert, den er aus Uelzen oder Salzwedel im Gedächtnis hat, gleicht mehr der Schiffsglocke der *Hindostan*.

Es soll sich allerdings dann als recht schwierig erweisen, die Damen der *jour fixe* vom Donnerstag auf Anhieb wiederzuerkennen. Sie alle tragen die *Mantilla*, ein Tuch, das den Kopf völlig verdeckt und unter dem Kinn sorgfältig zusammengeschlagen wird, Frauen und Mädchen aus den finanziell besser situierten Familien eine spitzenbesetzte *Mantilla* aus Seide, andere, weniger Bemittelte eine solche aus Wolle. Ganz Vornehme lassen sich von einem Dienstboten begleiten, der vor ihnen auf dem harten Steinplattenboden einen Teppich auszubreiten hat, auf dem sie knien können, ohne dass Kleid oder gar Knie Schaden nehmen könnten. Man staune, wie derartige soziale Unterschiede auch vor dem Altar vorgetragen werden. Herren treten durchweg würdig im dunklen Anzug auf, der enge Schnitt der Hosen befreit sie vom Zwang des Kniens. Sitzgelegenheiten, Bänke gibt es nur ganz vorn. Im hinteren Teil des imposanten Kirchengebäudes nutzt man die Gelegenheit, Bekannte und Verwandte zu begrüßen, Neuigkeiten zu sammeln, die natürlich alle von Wichtigkeit nach Hause zu tragen sind. Wenig stört da der kaum verständliche, eintönige Vortrag des Geistlichen.

Übrigens scheint der Gottesdienst keinem festen Zeitplan zu unterliegen. Manche kommen gerade an, andere verlassen die Kirche während eines Gebets in angemessenem Schritt. Als dann die Zahl der Abgänge gegenüber der Zahl der Zugänge wesentlich zunimmt und am fernen Altar ein Glöckchen schellt, lässt dieses den Schluss zu, dass nunmehr die Messe beendet sei. Der Zuschauer mischt sich in das aufkommende Gedränge, aber, ist das nicht Micaela, die dort weiter drüben mit einem Kind im Arm aus einem Seitenportal tritt? Sie muss „Don Jorge" wohl erkannt haben, nickt ihm zu und schon will er sie begrüßen, unbedacht des Aufsehens, das er mit Sicherheit erregen wird, denn hier weiß man bestimmt Bescheid …

„Welche eine freudige Überraschung, Don Jorge, waren Sie auch in der Kirche? Das ist ja wunderbar! Ich, das heißt wir, denn meine Frau zählt dazu, wollten Sie sowieso einladen, kommen Sie also bitte gleich mit. Wir hätten Sie gern heute beim Mittagessen bei uns gesehen, ich wollte gerade jetzt nach der Messe im Hotel ein Billett für Sie abgeben. Sehen Sie, da hinten winkt meine Frau schon."

Der freundliche, unerwartete Gastgeber kramt in seiner Rocktasche, als gäbe es da wirklich das ominöse Billett.

Johanngeorg Christian Hilliger ist überrascht, muss nachdenken. Natürlich, der etwas untersetzte, rundliche Herr im schwarzen Anzug und steifer weißer Binde, wer war denn das? Ja, am Donnerstag, *jour fixe,* das war doch der mit der sicheren Informationsquelle aus der Politik, der jetzt schon die Zusammensetzung des neuen Kabinetts kannte, der immer alles wusste, ja, der …

„Erinnern Sie sich? Wir haben uns doch so gut über die neuesten Ereignisse in der Welt unterhalten. Sehen Sie dort, meine Frau winkt wieder, wir sollen kommen und die beiden Jungen sind auch schon ganz erpicht, Sie kennenzulernen."

Am Straßenrand steht eine der seltsamen Kutschen jener Art, die dem Neuankömmling schon des Öfteren im Straßenbild aufgefallen ist. Zwischen vier, wohl drei Fuß im Durchmesser messenden, ziemlich zerbrechlich erscheinenden Rädern hängt wie in einer Schaukel die Equipage, in ihr sitzen eine Dame, die *Manta* hat sie durch einen weiten Hut ersetzt, und zwei Jungen im Alter von vielleicht zehn bis zwölf Jahren. Ein Regen-, oder ist es ein Sonnenschirm?, wird heftig bewegt, nach oben gestoßen.

Also, in Salzwedel oder gar ehrwürdigem Lauenburg gab es so etwas nicht. Einladungen wurden lang im Voraus geplant, ausgesprochen oder schriftlich verteilt, Improvisation war verpönt. Hier gelten offenbar andere Regeln, Johanngeorg weiß nicht, wie er reagieren soll.

„Ja, aber das geht doch nicht. Ich kann Ihnen doch keinesfalls unangemeldet ins Haus fallen, Ihre Frau ist bestimmt nicht auf Besuch vorbereitet", und was an Ausreden Johanngeorg gerade noch einfallen wollen.

„Ach was, kommen Sie nur. Lassen wir meine Frau nicht länger warten!"

Der neue *amigo* erlaubt keine Widerrede, packt den zögernden Lauenburger einfach am Arm und schiebt ihn auf den Wagen, der sich auch sofort in Bewegung setzt, bevor der überraschte Besucher überhaupt Worte finden und der Dame des Hauses, wie es sich gehört, seine Aufwartung machen kann.

Es muss gesagt werden, es wird ein gelungener Nachmittag. Ein köstliches Mittagessen ward herbeigezaubert, Jorge kann sich nicht erklären, wie das alles bei aller Improvisation in letzter Minute angerichtet werden konnte. Beim Anblick der zwei kleinen, trotz unverkennbar ländlichen Herkunft bei Tisch servierenden, ansonsten recht adretten Hausmädchen angetan, in schwarzem langem Gewand mit weißen Schürzchen und Haube, kann sich der hier angesprochene Don Jorge allerdings nicht der Erinnerung an Micaela erwehren: wird sich auch eine von diesen netten Kleinen eines Tages im Bett des *Patrons* oder in einem der Söhne wiederfinden, wenn diese herangewachsen sind?

Das großzügig angelegte Anwesen des Don Ismael, so heißt Hilligers neuer *amigo*, liegt auf einem Hügel im Hintergrund der Stadt, dem Übergang zu weiter dahinter liegenden höheren, nur mit dornigem Gestrüpp und einigen wenigen Eukalyptus bewachsenen Bergen und bietet dem Besucher einen beeindruckenden Blick auf den Hafen, die leise auf anrollenden Wogen dümpelnden Schiffe und das weite Meer. Nach dem Essen ziehen sich der Hausherr und sein Gast in ein Seitenzimmer zurück, „Bibliothek" genannt, aber Bücher sind nicht zu sehen, auf einem kleinen, runden Tischchen liegen Zigarren und steht *Jerez* bereit. Don Ismael erzählt von seinem Landsitz, ungefähr eine kleine Tagesreise von Valparaíso entfernt, dort hat er *Paltos* gepflanzt, deren Früchte sich eines regen Absatzes erfreuen. *Palta*, eine grüne Frucht von der Größe einer Birne, soeben hat sie Johanngeorg mit Genuss am Tisch verzehrt.

Das Gespräch plätschert hin und her, gelegentlich nimmt die Dame daran teil, dann wieder verlässt sie den Raum unter dem Vorwand häuslicher Pflichten. Man spricht über die Politik des Landes, von der Hilliger keinen blassen Schimmer hat, von den politischen Umwälzungen in Europa, der Französischen Revolution, deren verrückte Ideen hoffentlich nie nach Chile gelangen werden, so der Hausherr, genießt dazu Kaffee und kleines Gebäck.

Das Ein und Aus der Hausherrin, sie heißt Carmen, gibt Jorge Gelegenheit, sie ein wenig verstohlen näher zu betrachten. Ihre schlanke Figur, gekleidet nach Pariser *dernier cri*, lässt sie etwas größer erscheinen als ihren Mann, aber das könnte durchaus auf einer optischen Täuschung beruhen, ist Don Ismael doch etwas rundlicher gebaut, lässt sich seine ländliche Herkunft nicht verleugnen. Wirkt er trotz elegantem Anzug und goldener Uhrkette irgendwie eben doch wie ein *Palta-* oder Avocado-Pflanzer, so erscheint sie dagegen wie eine andalusische Schönheit, tiefschwarzes Haar umrahmt ein feingeschnittenes, helles Gesicht, aus dem zwei dunkle Augen einen mit Kunst verhaltenen schelmigen Blick erahnen lassen. *Ein wirklich netter Mann,* denkt Johanngeorg, *aber wo mag der Avocado-Bauer diese Schönheit aufgegabelt haben?* Das nötige Kleingeld wird wohl eine Rolle gespielt haben.

Der kleine Zeiger der Standuhr geht auf sechs, als Hilliger sich aufrafft.

„Ich muss jetzt gehen. Sehen Sie, ich habe mehr als neunzig Tage schlecht geschlafen, auf harter Liege unter feuchten Decken, jetzt möchte ich die Situation nutzen, um endlich wieder alle Tage hintereinander in einem richtigen Bett auszuschlafen."

„Aber natürlich, das sehen wir ein", entgegnet beinahe unisono das Ehepaar, Don Ismael jedoch fügt gleich hinzu:

„Am kommenden Donnerstag ist *jour fixe* bei der Familie Errazuriz, da sind Sie ja noch hier. Sie haben Don Fernando auch in der vergangenen Woche kennengelernt, gestern noch hat er mir gesagt, dass er Sie gern erwartet. Ich komme an Ihrem Hotel gegen halb sieben vorbei und hole Sie ab. In der Familie Errazuriz freut man sich schon auf Ihren Besuch. Und jetzt lasse ich Sie in Ihr Hotel bringen, mein Kutscher steht bereit."

Der Montag vergeht im Flug, verabredete Geschäftsbesuche müssen erledigt, abgehakt werden, allüberall trifft man die gleichen Herren aus dem Deutschen Verein. Anzügliche Bemerkungen fallen wie „Na, wie war's bei Tante Olga?", sie lassen den Schluss zu, dass der mündliche Telegraph rasch unter den Angehörigen der deutschen Kolonie seine Funktionen erfüllt.

Später betrachtet war es sicher verkehrt, am Dienstag nochmals der Tante Olga einen Besuch abzustatten, der Gedanke an das Schicksal des kleinen Landmädchens Micaela lässt Johanngeorg aber keine Ruhe. Anfangs überrascht fühlt sie sich etwas geschmeichelt:

„Wissen Sie, meine Besucher erinnern sich nicht gern an mich, kommen selten wieder. Nach einer langen Reise wollen sie nichts weiter als ein bisschen entspannen, etwas nachholen, was sie an Bord nicht konnten. Aber dann gehen sie weiter. Manchmal kommt der eine oder andere wieder, aber das sind wenige Ausnahmen, auch bei denen, die hier ansässig sind."

Natürlich, mangels Gelegenheiten war es nicht möglich, in Lüneburg und Salzwedel Erfahrungen für derartige Begegnungen zu sammeln, von Mölln ganz zu schweigen. Hilliger möchte dem Gespräch gern eine andere Wendung, eine persönliche geben:

„Ich habe Sie am Sonntag vor der Kirche gesehen.“

„Ja, das habe ich bemerkt, auch bemerkt, dass Sie einen Schritt taten, zu mir herüberzukommen. Sehr nett, aber Gottseidank wurde das von Don Ismael verhindert, denn, hätten Sie mich angesprochen, wäre das ein Riesenskandal geworden. Glauben Sie mir, hier kennt jeder jeden und alle kennen meinen Beruf, auch Don Ismael.“

„Was, den kennen Sie auch?“

„Wer kennt ihn nicht, ist er doch Kunde von *Señora* Olga.“

Zu vorgerückter Stunde verlässt Johanngeorg das Etablissement der *Señora* Olga, zahlt diesmal an der *Cassa* für eine wirklich real erlebte Dienstleistung. Obendrein kann sich Micaela über ein kleines Geschenk freuen, auf dem wackligen, schon ein wenig abgenutzten Nachttisch liegt ein Betrag bereit, der ausreichen müsste, ein neues Kleidchen für Töchterchen Micaela anzuschaffen. Obendrein hat sich Hilliger sogar durchgerungen, hanseatische Förmlichkeit zu vergessen, auf das „Sie“ zu verzichten, es im Hause der Tante Olga durch „du“ zu ersetzen.

Trotz genüsslichem Erlebnis, auf der Heimfahrt im *Birlocho* stellen sich im Hinterkopf heimliche Gewissensbisse ein. So ganz nach seinen, vielleicht etwas veralteten, gutbürgerlich infizierten Vorstellungen ist die Sache dann doch nicht verlaufen. Kann es sein, er gibt sich in dieser Beziehung auch falschen Vorstellungen hin? Für Micaela war er wohl nur ein neuer Kunde, einer von vielen. Hoffentlich ist alles gut verlaufen und Doktor Piderit hat diesmal nicht das letzte Wort behalten. Leider müssen nach vielen Jahren die Folgen dieses Besuches dem weisen Doktor aus Detmold Recht zugestehen, allerdings, so weit ist Hilliger heute noch nicht.

Ein Tag nach dem anderen plätschert vorüber, der ein wenig wärmer aus Nord blasende Wind ist einem kälteren Südwind gewichen, der, entgegen allen Erwartungen eines Nordeuropäers, dem *Tal des Paradieses* schönes Wetter beschert. Graue, vorüberflatternde Regenwolken haben einem tiefblauen Himmel weichen müssen, freundlich lacht die Sonne dem Tal entgegen.

Valparaíso ist in jenen Jahren das Zentrum eines pulsierenden Handels, dessen Hektik nicht nur von den einkommenden zahlreichen Schiffen getragen wird, sondern die auch die Binnenwirtschaft täglich neu belebt. Da werden Waren in langen Karawanen in das Innenland verfrachtet, andere auf Küstenschiffen bis in die entferntesten Häfen der Pazifik-Küste verladen oder finden gar über peruanische Häfen den Weg hinauf in das bolivianische Hochland. Das bringt Betrieb, Aufregung, aber auch Lärm auf die Straßen, nur übertönt vom Geläut zahlreicher Kirchenglocken, die in für Hilliger nicht definierbaren Abständen zu Gottesdiensten, Messen, Andachten, Beerdigungen, Zeremonien, Gedenkstunden des jeweiligen Heiligen und anderen Anlässen rufen. Sogar Totenmessen und Beerdigungen scheinen keinem festgelegten Zeitplan zu unterliegen, finden auch des Nachts im Fackelschein statt. Alles ist eben anders als in Salzwedel, obwohl eine gewisse Beziehung zu den Gebräuchen hanseatischer Städte nicht zu leugnen ist, Kommerz ist hier ebenso eine ehrenwerte Angelegenheit und hat in würdiger Form zu erfolgen. Man sieht es an den Anzügen der Herren in den *Contors*.

Dieser und jener Besuch ist noch zu machen, die Zeit verrinnt, der Tag der Abreise rückt heran. Tief unten in der Reisekiste warten noch Empfehlungsschreiben der Salzwedeler Loge „Johann zum Wohle der Menschheit" auf Übergabe an die Brüder einer Loge – sollte sie „*Progreso*" heißen? – zu Valparaíso, als jedoch Hilliger im Deutschen Verein zum Thema kommt, erntet er skeptische Blicke, geht doch den Salzwedelern der Ruf voraus, eine Hochburg eingebildeter, adeliger preußischer Offiziere zu sein und für die haben Hanseaten wenig übrig.

Jetzt, am letzten Abend bleibt noch der Empfang, der *jour fixe* im Hause Errazuriz. Freunde im Deutschen Verein haben ihn unterrichtet, dass es sich um einen wichtigen Mann aus dem Umfeld des Bergbaus handelt, er soll über ertragreiche Minen des Silber- und Kupferabbaus gebieten. Die Vertreter der großen Reedereien reißen sich um seine Gunst, müssen doch die Roherze zur Weiterverarbeitung nach Europa verschifft werden, mangels einer technischen Ausrüstung sei das in Chile noch nicht möglich. Hinzu käme die Einfuhr des Quecksilbers, des *azogue*, das zur Amalgierung des Silbers benötigt würde. Jedenfalls kann Hilliger erwarten, im Hause Errazuriz auch noch diesen oder jenen seiner neuen Bekannten aus dem Verein anzutreffen.

„Und dass Sie jetzt überall eingeladen werden, ist hier so üblich. Die Chilenen freuen sich, Besuch aus Europa empfangen zu können, sie tun das ganz spontan, ohne Hintergedanken, es sei denn, im Hause gibt es Töchter im heiratsfähigen Alter. Ein *alemán* in der Familie ist immer gut. Da muss man aufpassen, schon mancher ist hängengeblieben. Die Mädchen sind ja recht hübsch, lieb sind sie auch, dumm oder ungebildet sind sie nicht, nur das ganze katholische Gehabe fällt einem mit der Zeit auf den Wecker. Sogar in Deutschland läuft das alles etwas weniger auf Schau, etwas kulanter ab."

Ein anderer, gerade der Runde beigetreten, weist mit der rechten Hand hinaus, trägt zum Gespräch bei:

„Es wird uns ja immer vorgeworfen, wir deutschen Kaufleute seien hochnäsig, fühlen uns den Chilenen überlegen. Der Vorwurf beruht allerdings auf einer Fehleinschätzung, nämlich auf der von Personen, die nur Umgang mit Dienstpersonal, Hausknechten und Kutschern haben. Die sind allerdings sehr ungebildet, können weder lesen noch schreiben, auch denken ist ihnen völlig fremd, das klappt einfach nicht. Sogar die kleinste Hausarbeit muss man ihnen zehnmal erklären, verstanden haben sie dann immer noch nicht, simple Zusammenhänge fallen ihnen einfach nicht ein. In Häusern der besseren Gesellschaft ist das natürlich ganz anders, die stehen europäischen Familien in nichts nach."

Eigene Erfahrung kann Johanngeorg dazu noch nicht beitragen, jedoch der Besuch im Hause des Don Ismael hat ihm den Eindruck einer gebildeten Familie nach europäischem Maßstab hinterlassen.

„Ja, in Häuser wie dem des Don Ismael kommen die Leute aus der Oberschicht, schicken die Kinder in teure Privatschulen, sprechen mehrere Sprachen. Da läuft das ganz anders. Die sind sogar über Theaterpremieren in Paris bestens informiert, wenn auch mit Verspätung."

Wieder tut es not, die Gesellschaftskleidung aus der Kiste zu holen, ein Hemd kann sogar noch rechtzeitig von der Wäscherin des *Hotels de Chile* gründlich gewaschen werden und glänzt wie neu. Ein paar Minuten nach der verabredeten Zeit, Pünktlichkeit scheint nicht eine besondere Eigenschaft der Chilenen zu sein, hält die Kutsche von Don Ismael vor der Tür des Hotels, die Peitsche knallt und ab geht die Fahrt der Herren zum Hause Errazuriz.

Es wiederholt sich das Schauspiel der vergangenen Woche. Man steht herum, spricht mit diesem und jenem, trinkt ein wenig von dem, was angeboten wird, knabbert am Gebäck, erörtert die Neuigkeiten aus der Landespolitik – ist natürlich mit vielem nicht einverstanden, weiß manches durchaus besser – und wird vom Hausherrn ins Gespräch gezogen:

„Also nach dem peruanischen Norden wollen Sie gehen? Haben Sie sich das gut überlegt? Sie sind ja ein echter Abenteurer, mich bringen da keine zehn Pferde hin. Das ist das reine Nichts, la *nada misma*, alles trocken, nichts wächst da, das wäre nicht meine Sache."

Solche Bemerkungen sind Johanngeorg jetzt schon geläufig, dafür hat er stets dieselbe passende Antwort:

„Also wissen Sie, mich lockt das Abenteuer. Hier in Valparaíso ist es ja beinahe so wie in Europa, ich erkenne da keinen großen Unterschied. Aber in der Wüste soll es noch sehr primitiv zugehen, ich glaube, da kann man noch viel erreichen. Ich weiß das alles nur vom Hörensagen, vielleicht irre ich mich, aber andere, die ich getroffen habe, haben mir erzählt, da kann man noch richtig zeigen, was man gelernt hat."

Erst noch einen kräftigen Schluck *Jerez*, dann hat Don Fernando auch schon ein Angebot bereit:

„Warum kommen Sie nicht zu mir? Meine Silberminen bei Copiapó laufen gut, ich brauche einen tüchtigen Verwalter, das Gehalt wäre nicht schlecht bei freier Station. Auf die Hiesigen kann man sich ja nicht verlassen. Ich hatte da einen Mann, erst hat er mich beklaut und dann ist er zur Konkurrenz gelaufen. So ist das eben."

Das wäre nun das soundsovielte Stellenangebot, aber Hilliger lockt eben das Abenteuer, will rasch zu Geld kommen, auch wenn es mit Strapazen verbunden ist, geht es dann meistens etwas schneller.

„Ach, Sie sind der neue Deutsche, gerade angekommen?" Ein Herr im grauen Flanellanzug mit steifem Kragen im Genick mischt sich ins Gespräch, hat auch etwas anzubieten:

„Wenn Sie schon unbedingt in den heißen und trockenen Norden wollen, da hätte ich etwas. Ich benötige dringend einen Chef für meine Niederlassung in Tacna, das ist auch Peru. Tacna ist eine sehr schöne grüne Oase in der Wüste an den Füßen der Hochkordillere. Da soll es sogar schon eine Eisenbahn vom Hafen Arica nach Tacna geben, kann sein, dass sie noch nicht fährt, aber das wird bald der Fall sein. Von dort geht die Ware auf Maultierkarawanen ins Hochland, dahin, was sich heute Bolivien nennt."

Der Herr entlässt einen tiefen Seufzer, schlägt die Hände hoch über dem Kopf zusammen.

„Sie machen sich keine Vorstellung, was da alles verschwindet, man schickt die Ware in *Consignation* und muss sich freuen, wenn die Hälfte des investierten Geldes zurückkommt. Ich hatte da einen jungen Mann, der ist mit dem Geld und einer hübschen Peruanerin verschwunden, weg war er und das Geld auch. Zudem haben wir die Pleite von *Dubern und Rejo* in Erinnerung, so etwas möchte ich nicht noch einmal erleben."

Hilliger ist heilfroh, den *jour fixe* nach einer guten Stunde wieder verlassen zu können, Don Ismael bleibt noch und so geht er die wenigen Schritte zu Fuß, kann für sein schnelles Verschwinden ja gut die Abreise am nächsten Morgen vorwenden. Mit ihm geht einer seiner neuen Bekannten aus dem Verein:

„Na, wie schaut's aus??? Hat man Ihnen auch eine Stellung in den Minen angeboten? Ja, der alte Herr sucht dringend nach einem tüchtigen Deutschen für seine Betriebe mit der eventuellen Hoffnung, diesen später zum Schwiegersohn zu machen. Die Tochter ist ein nettes Mädchen, heißt Clarita, sehr gewandt und gebildet, spielt gut Klavier, auch Guitarre. War heute Abend nicht dabei, ist wohl unpässlich."

Alle Maschinen Volldampf voraus:
Es geht los!

Am frühen Morgen des übernächsten Tages, es ist Sonnabend, der 28. Januar, erwartet eine beeindruckende Menschenmenge auf der *Muelle de Pasajeros* den Beginn der Einschiffung. An die fünfzig Boote liegen bereit, teils schon mit Gepäck und kleinerem Frachtgut beladen, großes wurde am Vortag an Bord gebracht. Dicke schwarze Rauchwolken quellen aus beiden Kaminen der vor Anker liegenden *Lima* in den Himmel, zwischen ihnen zischen kleinere Fontänen in die Höhe, lassen ahnen, welche gewaltige Kraft ungebändigt in der Maschine steckt.

In das Konzert der Technik mischen sich die Bootsmänner, stimmgewaltig, ein jeder versucht den anderen durch Lautstärke zu überbieten, auf sich als den einzigen, richtigen und verlässlichen Bootsführer aufmerksam zu machen, der imstande sei, Personen und Gepäck ohne Verlust an Bord zu bringen.

Endlich gegen zehn Uhr ertönt das Signal, der Sturm der Bootsführer auf Passagiere und Begleiter nimmt zu, es sei denn, man hat bereits zuvor die Übersetzung verabredet und abgesichert. An Bord wiederholen sich die Abschiedsszenen, hier weint ein junges, dem Anschein gerade verheiratetes Paar, die Eltern bleiben zurück, dort verabschiedet sich ein junger Mann von seiner Mutter, ein ganzes Büro scheint einen Kollegen auf den Weg zu bringen, wünscht ihm Erfolg in seiner neuen Stellung, überall die gleichen Szenen, Koffer und anderes Gepäck stehen im Wege herum. Ein Bischof, ganz dem Ausdruck seiner klerikalen Würde bewusst, umringt von Vertretern der verschiedenen kirchlichen Orden, segnet die Zurückbleibenden.

Geführt von einem Offizier, voll in königlich britischer Uniform gekleidet, die *Pacific Steam Navigation Company* führt nämlich das Postregal der *Royal Mail*, sucht Hilliger seine Kabine auf, findet dort seinen Reisegenossen, der ihm nicht gerade den allerbesten Eindruck vermittelt. Der Mann hat seine Habseligkeiten über die ganze Kabine verteilt, die untere Koje belegt und kaut zurzeit gerade an einer *Hayuya,* einem harten runden Landbrot, deren Krümel den Boden bedecken, als ob es nicht bald nach dem Loslegen zum Mittagessen läuten würde. Von draußen dringt noch immer Lärm der Abschied Nehmenden herein, Hilliger bringt sein kleines Gepäck unter, belegt mit dem Jackett die obere Koje und will gerade wieder die schmale Treppe zum Deck emporklimmen, da ertönt ein zweites lautes Hornsignal, das durch alle Knochen fährt. Eiliges Trappeln an Deck lässt darauf schließen, dass Nichtreisende die *Lima* zu verlassen haben, in wenigen Minuten soll sie ablegen. Kurz darauf übertönt das Rasseln des Ankers den britischen Offizier, der noch glaubt, sich für den ungehobelten Reisegenossen aus der Kabine entschuldigen zu müssen:

„Der Herr geht in Los Vilos von Bord, dann sind Sie allein ...", und das natürlich auf Englisch. In mancher Hinsicht fühlen sich eben Europäer in dieser fremden Welt verbunden.

Einer alten Tradition folgend, so wurde sie aus kolonialen Zeiten übernommen, kündigt ein Böllerschuss, abgefeuert von einer der Höhen hinter der Stadt Valparaíso, die zwölfte Stunde an. Jetzt beginnen Ventile laut zu zischen, pünktlich auf die Minute hört man im Inneren der Maschine das Rumpeln der Kolben, befinden wir uns doch an Bord eines britischen Schiffes. Das Stampfen der Maschine hat das Trappeln der Besucher abgelöst, die riesigen Räder an Back- und Steuerbord beginnen ihr Schaufelwerk, helfen den Segeln, die sich im schwachen Südwind blähen. *Lima* wendet und nimmt Fahrt auf, *adios* Valparaíso.

Geläutet wird zum Mittagessen, selbstverständlich nach Klassen getrennt. Hilliger gebührt ein Platz am Tisch seines Kabinengenossen, der trotz vorhergehenden Verzehrs von *Hayuyas* kräftig dem Essen zulangt, das, obwohl Hilliger am Tage zuvor gewarnt worden war, dass es mit dem Essen an Bord der englischen Schiffe nicht besonders gut bestellt sei, er dennoch recht schmackhaft befindet, ist es doch Hammelfleisch auf Irish Stew und das kennt man sogar an der Elbe. Nach dem Essen soll eine Mittagsruhe, eine *siesta*, guttun, am besten in der Sonne an Deck auf der Leeseite, denn so kann man einem ständig mit den Zähnen mahlenden Reisegenossen entgehen.

Natürlich gibt es zum Abendessen wieder Hammel, nur eben auf andere Art zubereitet. Jedenfalls ist ein deutlicher Unterschied zur Verpflegung auf der *Hindostan* festzustellen. Ist ja erklärlich, hier kann man laufend Proviant nachladen. Auffällig ist dagegen, dass sich nur wenige Reisende zum Abendessen einfinden, scheint doch den meisten das sanfte Schwanken und Wiegen der *Lima* nicht zu bekommen, seekrank liegen sie in ihren Kojen. So aber gereicht die Erfahrung der verbrachten neunzig Tage auf der *Hindostan* zum Vorteil, Hansgeorg Christian hat das Übel endgültig überwunden.

Kaum sind die Tische abgedeckt, nimmt ein recht wohlgenährter, vollmondgesichtiger Herr Platz am Tisch, holt ein Paket Spielkarten aus einem Beutel, häuft neben sich einen Stapel Goldmünzen auf und siehe da, verflogen ist die Seekrankheit vieler derer, die gerade noch Neptun Tribut zollten. Es wird hoch gespielt, doch Johanngeorg gedenkt nicht, sein bescheidenes Vermögen aufs Spiel zu setzen, er verzieht sich auf seinen Ruheplatz an Deck.

Langsam kämpft sich die *Lima*, unterstützt vom Südwind, die chilenische Küste gen Norden entlang. Tatsächlich verlässt der ungeziemende Kabinengenosse in Los Vilos das Schiff, von dort an hat Jorge die Kabine allein. Meist steht er jedoch tagsüber an der Reling, betrachtet die fern vorüberziehende, sich langsam verändernde Landschaft. Anfangs eine von gelben Sandflecken durchsetzte Parklandschaft weicht einer zunehmend grauer werdenden Steppe, bis diese schließlich in ein zum Meer steil abfallendes, von Stunde zu Stunde höher werdendes Hochplateau von mattem Grau-Gelb übergeht, dessen eintönige, von scharfkantigen Granitblöcken beherrschte Gebirgsküste kein grüner Zweig mehr bedeckt. Ganz weit hinten in der Ferne sind von Zeit zu Zeit hohe Berge zu erkennen, deren Schneedecke so wie seinerzeit vor Valparaíso im aufgehenden Licht der Morgensonne glänzt.

Sieben Nächte muss Jorge wieder in einer Koje schlafen, allerdings nicht mehr so hart und feucht wie einst auf der *Hindostan,* steht doch heute auf seinem Billett „*First Class*". Häfen und Anlegeplätze gleiten vorüber, Namen, wenig bekannte oder gar ganz unbekannte, werden ausgerufen, entfliegen im Seewind wie der Rauch und der Dampf des Kessels. An manchen Anlegestellen bedarf es eines längeren Aufenthaltes, Fracht und Gepäck ist ein- und auszuladen, doch nie reicht die Zeit für einen Landgang. Der britische Offizier hat es auch klar und deutlich verkündet:

„Sobald wir fertig sind, legen wir ab. Wer an Land zurückbleibt, muss sehen, wie er weiterkommt, der nächste *Steamer* geht in vierzehn Tagen."

Und nach einer kleinen Pause fügt er hinzu:

„Und vielleicht legt er dann gar nicht hier an. Wenn weder Fracht, Post noch Passagiere zu befördern oder aufzunehmen sind, fahren wir einfach vorbei. Ich selbst bin nur ein einziges Mal auf einer Zwischenstation an Land gekommen, das war so ungefähr vor zwei Jahren in Coquimbo."

Johanngeorgs Interesse ist geweckt.

„Coquimbo? Da sind wir doch vorbeigekommen. Warum gab es da einen längeren Aufenthalt?"

Ein leichtes Lächeln kann sich der sonst so ernst dreinblickende Offizier nicht verkneifen:

„Da hatten wir eine kleine Havarie, auch eine beinahe Kollision mit einem Segler und das zwang uns zu einem längeren Aufenthalt. Den habe ich benutzt, um nach La Serena zu fahren, einer recht schönen Stadt, nur ein paar Meilen entfernt vom Hafen Coquimbo. Das besorgen Kutschen, *Diligencias* genannt. Es hat sich gelohnt La Serena zu besuchen und nicht in der schmutzigen Hafenstadt Coqimbo den Ausgang der Havarie abzuwarten.

Hilliger glaubt zu erinnern, dass die Namen Coquimbo und La Serena im Hause Errazuriz gefallen waren. „Ja, und was ist dann passiert?"

„Eigentlich gar nichts. Es war Sonntag, ich bin zur *Plaza* gelaufen, hörte Musik und die kam von einer Militärkapelle, die dort spielte, mehr schlecht als recht. Das Lustige war nur, auf der Plaza flanierten die jungen Damen aus La Serena im Kreis und die jungen Herren in Gegenrichtung auf einem anderen Kreis. Man lachte, lächelte sich bei jedem Treff an, wandelte herum und lächelte wieder. Dazu Musik. Ich wurde belehrt, dass auf keinen Fall ein junger Mann sich in den Kreis der Damen einreihen dürfe, das wäre dann gleich einem *commitment*, einer Verlobung."

Eigentlich gar nicht so schlecht, denkt der stets auf Form bedachte Hanseat. *Spart Besuche, Postkarten und Geschenke.*

Die Maschine stampft, ächzt Tag und Nacht in einem beruhigenden Rhythmus, unermüdlich und ruhelos schaufeln sich die Räder durch die pazifische See, wie überhaupt das Leben an Bord zum Ruheplatz der Sinne wird, Zeit schafft zum Denken. *Was wird mir das Leben in dieser rauen, menschenfeindlichen Umgebung bringen?* Denn das kann man trotz der Entfernung schon erkennen, ein ödes und raues Land, das nicht zögern wird, seinen Tribut zu fordern, Tribut vom Körper, vom Geist oder von beidem?

So überkommen den Lauenburger Bürger Johanngeorg Christian Hilliger Erinnerungen an die Jahre der Lehre in Mölln, Uelzen, Lüneburg, Jahre inmitten einer grünen Weite, die sich im Herbst zu einer bunten Vielfalt wandelt, bevor im Winter ein weißer Schleier sie bedeckt. War es die richtige Entscheidung auszuwandern in diese unwirtliche Einöde, die gerade dort drüben vorbeizieht? Waren Kindheit und Jugend gewiss nicht ein Zuckerschlecken, die Schul- und Lehrzeit ein monotones Insichaufnehmen lebensferner Texte, die von einem hoch droben auf dem Katheder thronenden, seiner Autorität bewussten Amtsperson ohne die geringste Möglichkeit eines Gegen- oder Einspruches vermittelt wurden oder gar eigene Gedankengänge zu entwickeln, so haben sie dennoch eine gründliche Ausbildung zum hanseatischen Kaufmann zur Folge gehabt, aber wird das hier nützlich sein? Seinen Vater hat er ja kaum gekannt, die Mutter musste er zurücklassen so wie die übrigen Familienmitglieder, die ihm teils abgeraten, teils heftig zugeraten hatten, denn eine erlebte Auslandserfahrung war eigentlich seither Vorbedingung im Curriculum Vitae eines gestandenen hanseatischen Kaufmanns. Bleibt es bei einer zeitlich bemessenen Reise oder liegt die Zukunft vergraben unter dem Sand, den in der Ferne der Wind von der nahen See emporwirbelt?

Der erste Schritt ist getan, noch gäbe es ein Zurück, aber daran denkt der Lauenburger heute nicht. Jetzt ist das Gebot, voran zu schauen und so schlimm darf es eigentlich nicht werden, ein wenig erspartes Kapital führt er ja bei sich, nützliche Beziehungen konnte er in Valparaíso knüpfen.

Auf Reede vor Cobija wird dem Reisenden ein kurzer Blick auf eine graue Ansammlung elender Hütten gewährt. Kupferkonzentrat wird hier in Säcken verladen, wenige Säcke sind es, die kaum bekleidete Nachkommen indianischer Hochlandindianer auf hölzernen Leichtern anschleppen. Kupfer wird in der größten Kupfermine der Westküste abgebaut, so sagt man. Das soll nun ein wichtiger Hafen sein? Wie mag sich Iquique darbieten, denn Cobija hinterlässt einen armseligen Eindruck, erweckt einen dunklen Rückschluss, was die Zukunft bringen könnte.

Es sollte doch gerade einem hanseatischen Kaufmann nicht verwehrt sein, mit kritischem Blick diese aufkommende neue Heimat zu mustern, dafür hat er ja durch manche harte Schule laufen müssen. Trotz der hier erkennbaren Trostlosigkeit muss es bestimmt eine Mechanik der Anpassung geben, einer Anpassung an das, was dort an ihm vorübergleitet. Wohl wird es eher zu einer Anpassung an die Menschen kommen, die diese Einöde zu bewohnen beabsichtigen, denn von der Natur ist hier nichts zu erwarten, sie wird ihm ihren Stempel aufdrücken, auch wenn er versuchen sollte, sein unverzichtbares Selbstbewusstsein, seine Aufrichtigkeit behalten zu wollen. Das wird ihm viel Kraft abverlangen.

Unter ihm keucht und stampft die Maschine, Rufe, Schimpfworte der Heizer und Kohlenschlepper dringen herauf, Zeichen einer gegenseitigen Abhängigkeit von Mensch und Maschine. Haben diese Männer einen Blick für das Nichts, das dort drüben vorbeigleitet? Nicht anzunehmen. Ihre Aufgabe ist es, für Druck im Kessel zu sorgen, damit die Räder sich drehen, täglich den Abstand zwischen dem Schein einer europäisch empfundenen Lebensweise und einer unter brennender Sonne glühenden Wüste zu vergrößern. Das Übrige geht diese Männer nichts an. Ihre Nichtbeachtung dessen, was an Steuerbord die Aufmerksamkeit anderer erregt, ist Voraussetzung für das stetige Stampfen der Kolben. *Werde ich mich im trockenen, heißen Tarapacá auch bald in eine Maschine verwandeln?*

TARAPACÁ

Iquique, graue Häuser zwischen Steilküste und Ozean

Nochmals ist es der britische Offizier. Jorge Christian Hilliger hat einen angenehmen Reisebegleiter in ihm gefunden, bei dem er ein wenig seine auf der *Hindostan* erworbenen astronomischen und nautischen Kenntnisse anbringen konnte. Leider wird dieser *Sailor* in der Uniform der britischen *Pacific Steam Navigation* nach ein paar Stunden weiter gen Norden dampfen, aber vielleicht ergibt sich irgendwann später eine Gelegenheit, dem freundlichen Offizier der britischen Marine bei einer nächsten Reise wieder zu begegnen.

„*At home*? Ob ich mich hier zu Hause fühlen werde? Weiß ich noch nicht, sieht ja recht trostlos aus." Jorge zuckt die Schultern, er reist allein, hat keinen Anhang, wird nirgends erwartet, wie man es auch nimmt, es bleibt ein Schritt ins Ungewisse, ein Sprung in die Tiefe.

„Das wird sich zeigen. Wenn erst einmal das Geld in der Tasche klappert oder das Konto bei einer Londoner Bank wächst, lösen sich alle Probleme von allein."

Eddy – so wird er jedenfalls genannt, heißt in Wirklichkeit Eduard – grüßt, legt die Hand an die Mütze, wendet und eilt zur Brücke, dort wird er jetzt gebraucht. Jorge klettert noch einmal hinab in seine Kajüte, sein geringes Gepäck liegt bereit. Für sechs Uhr ist die Ausbootung angesagt.

Wer da nun glaubt, in Iquique eine blühende Hafenstadt ähnlich Valparaíso vorzufinden, sieht sich wie Jorge Hilliger schon beim ersten Anblick dieser auf den ersten Blick zwar in Karrees ordentlich aufgereiht erscheinend, aber dennoch ungeordneten Ansammlung von verschmutzten Katen und grauen Schuppen aus luftgetrockneten Lehmziegeln, hölzernen Latten und Balken, grob behauenen Blöcken aus Vulkangestein und aus Schiffshavarien geretteten Planken gewaltig enttäuscht. Obgleich schnurgerade, dennoch ungeordnet scheint der Verlauf der Straßen – wenn man sie überhaupt so nennen darf –, handelt es sich doch um staubige Gassen – rechtwinkelig kreuzend wie auf einem Schachbrett, ohne Pflaster oder eine andere Befestigung –, die sich um primitive Lagerhäuser und andere Hütten vom Ufer empor winden. Alles ist Improvisation, irgendwie hingesetzt, so wie es der reisende *Minero* aus der *Pampa* gerade für nötig erachtet. Heraus aus diesem einförmigen Gewirr erheben sich hier und dort wenige Gebäude an der Wasserfront, wohl die Häuser und Lager der besser situierten Geschäftsleute oder die der peruanischen Verwaltung.

Obwohl wir heute Sonntag schreiben – entgegen allen Erwartungen in einem römisch-katholischen Land erklingt kein Glockenklang, denn zwar ist der alles überragende Turm einer Kirche zu erkennen, doch über eine Glocke scheint sie nicht zu verfügen –, ist es nicht schwierig, den Weg zum Lagerhaus von *Ceballos y Ugarte* in der *Puntilla* durchzufragen. Bei nur kaum eintausend bekannten Bewohnern der Stadt nimmt dieses Unternehmen eine besondere Stellung ein, beliefert es doch die wenigen Einwohner mit *Quínoa*, der einheimischen Reisart,

Mais, Melonen, Tomaten, Zwiebeln, Bohnen und sogar Wein aus den eigenen *Chacras* in den Tiefen der *Quebrada de Tarapacá* und der *Quebrada de Aroma*. Wer in Iquique lebt, ist auf *Ceballos y Ugarte* angewiesen und da solches allgemein bekannt sein dürfte, schlägt es kräftig auf die Preise der Lebensmittel nieder. Was noch fehlt, wird aus Tacna über Arica eingeführt, billiger Alkohol dagegen gelangt mit den Guano-Schiffen aus Valparaíso in die Stadt.

„*Bienvenido*, willkommen in Iquique. Über Ihren Bruder hatten wir schon Kenntnis von Ihrem Kommen, mit dem vorigen Dampfer sandte er uns eine Nachricht und kündigte Ihr baldiges Eintreffen an. Sie wollen also hier arbeiten, bringen gute Empfehlungen und auch Geschäftsbeziehungen mit."

Noch gibt es keinen Telegraphen, aber schon weiß man Bescheid. Jorge muss berichtigen, Wilhelm ist nicht sein Bruder, sondern sein Vetter, aber seit jeher spielen Verwandtschaftsbeziehungen eines jeden Grades in Südamerika eine große Rolle, sind wichtig, hat er schon in Valparaíso mitgekriegt. *Ceballos y Ugarte* scheint ein guter Start zu sein, aber gibt es überhaupt einen anderen? Man ist sich bewusst, das Salpetergeschäft liegt im großen Ganzen noch im Anfang, bedarf einer gewissen Anlaufzeit. Die Verbindungen sind unsicher, extrem langsam und zeitraubend und bis eine Antwort aus Hamburg oder Bremen eintrifft, vergeht ein halbes Jahr. *Aber in einem halben Jahr muss ich etwas auf die Beine stellen,* so denkt der gerade Zugereiste.

Professor Justus Liebig in Giessen hat ja schon Vorarbeit geleistet, jetzt geht es darum, Salpeter zusammenzukratzen, schnell und fließend auf den Weg zu bringen.

Dies ist der Plan des *approbierten ehrbaren Kaufmanns* Jorge Christian Hilliger aus Lauenburg, nun hier schlicht Don Jorge aus Iquique in Peru.

Zunächst heißt es, sich im Hause *Ceballos y Ugarte* einzurichten. Zwar sind Ausstattung und Möbel von Wohnhaus und Büro recht einfach, ganz offenbar aus heimischen peruanischen Werkstätten, halten allerdings jeder Belastung stand, da aus festem Holz gefertigt. Einfach, solide und geschmacklos hätte man in Salzwedel gesagt, da war man Besseres gewohnt. Aber, was soll's? Sogar verglaste Fenster gibt es, wenn auch die Scheiben recht klein bemessen sind, dazu einer baldigen gründlichen Säuberung bedürfen, aber wahrscheinlich gibt es keine größeren und auch keinen, der sie gelegentlich einmal putzen könnte.

Die politische und soziale Lage sowohl in Iquique als auch in ganz Peru steht auf sehr wackligen Füßen. Präsident Ramon Castilla y Marquesado, selbst in Tarapacá gebürtig, versucht mit Kompetenz Ordnung in das Durcheinander in der Hauptstadt zu bringen, doch Lima liegt weit von Iquique entfernt, unterliegt ständigen Querelen habgieriger Politiker, die es sogar fertigbringen, der spanischen Krone eine Entschädigung für die entgangenen Kolonien zuzuschreiben. Präsident Castilla fühlt sich persönlich der Provinz Tarapacá verpflichtet, gesteht ihr Privilegien zu, doch die lokalen Behörden handeln nach Gutdünken, sind leicht beeinflussbar, auch mit Geld, was verständlich ist, denn ihre Gehälter tröpfeln nur sporadisch ein. Obendrein wimmelt es im peruanischen Süden von allerlei fragwürdigen Gestalten, oft Chilenen, die sich aufgrund irgendwelcher Missetaten in

Chile aus dem Staub machen mussten und nun hier fern jeder Justiz einen Unterschlupf suchen. Da sollte man eigentlich denken, Arbeitskräfte stünden zur Genüge zur Verfügung, aber weit gefehlt, denn gerade an einer geregelten Arbeit ist denen wenig gelegen.

In der Praxis hat es sich für die wenigen in Iquique ansässigen Kaufleute als günstig erwiesen, ihre Geschäfte über Valparaíso abzuwickeln und Schulden, überhaupt alles mit Salpeter in kleinen Partien zu bezahlen. Was wiederum die peruanischen Behörden ärgert, die den Handel lieber über Callao lenken möchten, so wie es in Zeiten der spanischen Kolonialherrschaft vorgeschrieben war. Der Export von Salpeter hält sich demzufolge in sehr engen Grenzen, einmal ganz abgesehen von der geringen Produktion aus kaum vorstellbar primitiven Abbaustellen, den *Paradas*, beschränkt sich auf Mengen, die man als Gegenleistung zur Abdeckung kleiner Schulden gerade braucht und was dann noch nach Europa geht, läuft eben über Valparaíso, wo aus mehreren kleinen Sendungen eine halbwegs größere zusammengestellt werden kann. Ein solches langwieriges Verfahren möchte Jorge nun gern ändern, allerdings steht dem ein erstes großes Hindernis entgegen: Iquique hat noch nicht den Rang eines vollwertigen Hafens erreicht, eines *Puerto Mayor*, das soll erst später gegen Ende des Jahres 1855 geschehen. Eine geeignete Mole für die Verladung von Salpeter ist im Bau, aber derzeit muss Salpeter in Säcken abgefüllt zunächst auf Flößen aus Seelöwenfellen, dann von denen auf Leichter umgeladen werden und erst danach auf die weiter draußen liegenden Überseesegler an Bord gehen. Alles recht umständlich und zeitraubend, auch wenn für die Lade- und Floßarbeiten billige, leider wenig trinkfeste chinesische Kulis zur Verfügung stehen, die spät nachts auf den Straßen der Stadt die Ursachen für Lärm, Ärger und Gewalt liefern.

Hart sind die Lebensbedingungen in Iquique. Wasser wird in Booten aus dem 350 km entfernten Arica herbeigefahren, eine kleine Destillieranlage des Franzosen Bernardo Digoy reicht bei weitem nicht für die Versorgung der Stadt aus. Hinzu kommen überteuerte Preise der Lebensmittel, auch wenn Jorge als zwar noch nicht erklärter, aber dennoch anerkannter Mitarbeiter von *Ceballos y Ugarte* in mancher Hinsicht ein paar kleine Privilegien genießt. Selbstverständlich hat *Ceballos y Ugarte* auch beim Geschäft mit dem Trinkwasser seine Hände im Spiel.

Wundern muss man sich allerdings über den auffallend schleppenden Fortschritt des Salpeterabbaus, denn die geschichtliche Entwicklung des Salpeters als Düngemittel und als Rohstoff für die Herstellung von Schießpulver reicht weit in die vorkoloniale Vergangenheit zurück. Vielleicht mag dabei unter anderem die jede Initiative lähmende, in der Tageshitze glühende Wüste der Grund gewesen sein. Spät, man schrieb schon das 18. Jahrhundert, erkannte die spanische Kolonialverwaltung die Vorteile der Salpeterdüngung, so wurde sie von den indianischen Ureinwohnern übernommen. Hinzu kam die Anwendung für die Herstellung von Schießpulver, was aber in Anbetracht der Ende des 18. Jahrhunderts aufkommenden Unabhängigkeitsbewegungen von den weit in Madrid amtierenden spanischen Kolonialbehörden strikt verboten wurde. Ein fern jeder Realität befindliches Verbot übrigens, das sogar von den eigenen Beamten missachtet werden musste, war doch der Nachschub von Schießpulver aus Spanien für die eigene Armee mehr als mangelhaft.

Es war der Verdienst des deutsch-österreichischen Forschers Thaddaeus Haenke, er legte im Dienste der spanischen Kolonialverwaltung um 1801 ein Verfahren der Umwandlung von Natronsalpeter in Kalisalpeter vor, denn gerade dieses war im Verlauf der Napoleonischen Kriege, und da besonders in Großbritannien, sehr begehrt. Zur endgültigen Bewährung des Chile-Salpeters für die Herstellung von Schießpulver kam es im Verlauf des britisch-türkisch-russischen Krimkrieges. In Deutschland dagegen gelang es dem schon erwähnten Justus Liebig, Professor in Giessen, in seinem agrarchemischen Labor die Nutzung dieser grauen Substanz aus Chile als Düngemittel in der Landwirtschaft nachzuweisen.

Jorge Hilliger ist der Nutzen des Salpeters aus seinen hanseatischen Lehrjahren bekannt, die Dringlichkeit einer geregelten Gewinnung, der Verschiffung und Einfuhr in die Häfen des hanseatischen Bundes sein Anliegen, die Triebfeder dieses beginnenden südamerikanischen Abenteuers. Mit den bisher abgewickelten kleinen sporadischen Ausfuhren über Valparaíso will er sich nicht zufrieden geben, obwohl auch diese sich langsam addieren, erreichen sogar um 1839 ganze dreitausend Tonnen. Halbwegs größere Mengen gelangen über England in deutsche Häfen, es sind drei Engländer, die nach anfänglichen Niederschlägen Erfolge verbuchen können: George Smith, unsteter Geist, jetzt sesshaft in Chile und Peru, sowie Peter und Thompson Aikman, Schiffsmakler in Liverpool. Bald, nach einer kurzen Anlaufzeit, blüht ein Transitgeschäft, allerdings noch recht bescheiden, verglichen mit dem, was in der Folge geschehen soll.

Natürlich hat sich Jorge Christian Hilliger über das Vorgehen anderer Unternehmer unterrichtet. Jetzt geht es aber darum, den Fluss des Salpeters aus Peru anfangs noch notgedrungen über London, später jedoch schnell direkt nach Hamburg und Bremen zu lenken.

In die Geschäftspraktiken der Kaufleute in Iquique genügt ein kurzer Einblick, der Lauenburger schlägt erst einmal die Hände über dem Kopf zusammen. Diese widersprechen nämlich allem, was er in Jahren einer hanseatischen Lehre zum ehrbaren Kaufmann gelernt hat. Hier werden nur Einnahmen und Ausgaben in einem großen Buch zusammengeschrieben und wenn dann unter dem Strich etwas übrigbleibt, ist das schlicht und einfach der Gewinn.

„Und so verdienen Sie auch noch ganz gut?", drängt sich die erste Frage auf.

„Wie Sie sehen nicht nur ganz gut, sondern sehr gut. Für unser Obst und Gemüse aus Tarapacá setzen wir ja die Preise fest, da bleibt schon etwas übrig."

Das ist doch eine recht klare Auskunft, aber wird sich diese Methode in Zukunft halten lassen? Bei *Ceballos y Ugarte* ist man guter Hoffnung, warum sollte man es ändern? Doch der *Alemán* gibt keine Ruhe:

„Auf die Dauer wird das nicht so weitergehen! Die Zeiten ändern sich, es kommen neue Interessenten am Salpeter und die werden rechnen können. Dann müssen wir eine richtige Buchhaltung einführen, denn sonst sind wir in kurzer Zeit pleite. Schon jetzt redet man in Valparaíso vom Salpeter und kommt das mal in Schwung, müssen wir gewappnet sein."

„Ach, lassen wir das auf uns zukommen und bis dahin wird uns schon was einfallen."

Aber was, darüber ist man sich nicht im Klaren.

Iquique befindet sich in diesen Tagen im Zustand eines rasenden Wachstums. Geradezu stündlich nimmt die Bevölkerung zu und mit ihr die Zahl der mehr oder minder fragwürdigen Unternehmen. Bereits an der Kleidung ist der soziale Status des Bürgers im Stadtbild zu erkennen, im dunklen, leichten Tuchanzug und leinem Hemd schreitet der Unternehmer und Angestellte in gehobener Stellung durch die staubigen Straßen einher, der Tagelöhner und Salpeterarbeiter dagegen kleidet sich in Sackleinen und grobes Tuch, lagert in schmutzigen, stinkenden Gassen, denn eine ordentliche Müllabfuhr gibt es nicht, ja überhaupt mangelt es an jeder staatlichen oder städtischen Organisation.

Quebrada de Tarapacá, grüne Oase in der Tiefe unter der Wüste

Die Wochen rasen vorüber, es wird abgesprochen, dass Jorge den Wohnsitz der Familie Ugarte und die landwirtschaftlichen Betriebe in der Tarapacá-Schlucht kennenlernen soll. Drei Tagesritte durch eine der heißesten und trockensten Gebiete unserer Erde sind hoch zu Ross zu überstehen, auf Maultieren müssen Proviant und vor allem Wasser für Mensch und Tier mitgeführt werden. Tagsüber ist mit Temperaturen bis zu vierzig Grad, nachts bis zum Gefrierpunkt zu rechnen, dementsprechend hat jeder Reisende für entsprechende Kleidung zu sorgen, die den wechselnden Tagestemperaturen gerecht zu werden hat.

Da bei Tageshitze im grellen Sonnenlicht die Reise unterbrochen werden muss, beginnt der Ausmarsch der kleinen Karawane kurz nach Mitternacht, in tiefer Dunkelheit und eisiger Kälte werden die Steilhänge des Küstensaums auf schmalem Maultierpfad, dem *Camino al Mineral de Huantajaya,* überwunden. Steine kommen ins Rutschen, poltern in die Tiefe, eine Gefahr für den Fremden, aber bekannt den Tieren, die mit dieser Gefahr aufgewachsen, oder einmal am Fuße der Höhe im Geröll verenden. Endlich, es dämmert hinter der Hochkordillere im Osten, erreicht der Trupp *Alto Hospicio* auf ungefähr sechshundert Metern über dem Hafen. Hier öffnet sich ein herrlicher Blick über die Bucht und das langsam erwachende Iquique.

Zwei Stunden nach Sonnenaufgang sind links des Weges in nördlicher Richtung die Anlagen der Silberminen von *Huantajaya* auszumachen, teils verfallen sind die Wohnhäuser, verblichen der Glanz des Wohlstandes mancher selbstständiger *Mineros,* die hier einst nach Silber schürften, während Unternehmen mit guter Kapitaldeckung und zeitgemäßer technischer Ausrüstung auch heute noch einen bescheidenen Gewinn erzielen. Schon in Zeiten kolonialer Herrschaft nutzte man die Vorkommen des *Real Asiento de Minas de Plata de Huantajaya,* der *Königlich Spanischen Silberminen* von *Huantajaya.* Vielleicht wäre es geraten, hier im Schatten der alten Gemäuer die aufkommende Mittagshitze abzuwarten, doch die Führer treiben an, weiter geht der Ritt durch ein sich dem Reisenden öffnendes unendlich ödes Tal, über Treibsand und von Gipsschollen und Salzkrusten bedeckte harte Granitplatten, zurück bleiben die glattkahlen, gelb-grauen Berghöhen, an deren Füßen Steinhaufen den Eindruck erwecken, als seien sie gerade hinabgerollt worden. Es ist das Werk periodischer Erdbeben, sie halten das Geröll auf den Abhängen in Bewegung.

Gelegentlich bringen aufkommende Windböen dichte Massen von grobkörnigem Sand und kleinen Steinen in Bewegung, bilden Sandhosen, die gleich gewaltigen Säulen wirbelnd die Wüste durcheilen. Wie ein Wunder in dieser leblosen Natur erheben sich hier und dort Tamarugo-Bäume, noch ist keine endgültige wissenschaftliche Erklärung für ihr Entstehen am Rande dieser übereinander geschichteten Salzpaletten gefunden worden, ansonsten aber eine Vegetation nicht zu finden. Nur auf manchen Höhen der Küstenberge und in schattigen Schluchten, da wo die Feuchtigkeit des Morgennebels, *Camanchaca* genannt, sich ein wenig länger halten kann, können die Reisenden Kakteen mit gelblichen Blüten und nussartigen Früchten ausmachen, aber auch das nur recht selten. Zurückversetzt in die Weite des Ozeans fühlt sich Jorge Hilliger, nichts unterbricht die Unendlichkeit des Raumes, das Auf und Ab der Wellen, die sich unendlich fern hinter einem grauen Horizont verlieren.

Gegen Mittag erreicht die Karawane die *Parada*, den Salpeterabbau von *La Peña*. Unter Verwendung primitivster Werkzeuge, schwerer Hämmer, Brecheisen wird der direkt unter dem harten Gelage einer gipshaltigen

Sandschicht liegende *Caliche* in zentnerschweren Blöcken aufgebracht, von Hand zerkleinert, in großen Kesseln im Wasser gelöst und zum Sieden gebracht. Das dafür nötige Wasser kommt aus einer an die sechzig Meter tiefen, handbetriebenen Bohrung, ist stark mineralhaltig und daher für den menschlichen Gebrauch nicht geeignet, aber für die Kessel von *La Peña* muss es genügen. Unter diesen lodert ein Feuer aus *Yaretas*, einem seltenen doldenartigen, halbunterirdischen Gewächs, das erst einmal mühselig in den Höhen der weiten Wüste gesucht und ausgegraben werden muss. Als Schlussphase der Salpetergewinnung erkennt der unter der für einen Nordeuropäer unerträglichen Hitze gepeinigte Besucher große, der Sonne ausgesetzte Trockenpfannen, in denen das Wasser verdampft. Das *weiße Gold* hat dann vom Boden und den Rändern dieser abgekratzt zu werden.

Arbeiter und sogar der *Capataz*, der Vorarbeiter, hausen in dürftigen Unterständen, solche bestehen lediglich aus aufeinander gestapelten *Costra*-Steinbrocken, als Dach und Sonnenschutz muss eine fleckige Leinwand zusammengeflickt aus Resten aufgeschlitzter Salpetersäcke herhalten, Regen ist hier ja nicht zu erwarten.

Primitiver kann sich der zugereiste Europäer sowohl Gewinnung als auch Unterbringung der an dem Salpeterabbau beteiligten Personen kaum vorstellen, trotzdem beschließen die Führer der Karawane, der sich Jorge angeschlossen hat, die Stunden der größten Hitze hier in der *Parada La Peña* abzuwarten. Man bezieht Quartier im Schatten der Leinwand der Verwalterhütte. *Besser wäre Huantajaya gewesen*, denkt der immer noch mit europäischen Vorstellungen behaftete Jorge Hilliger, *aber nun sind wir einmal hier.* Morgen in aller Frühe soll die Reise weitergehen.

Die zweite Etappe führt nach *Huara.* Wieder umfängt die Karawane die Einsamkeit, die Hitze, eine Lufttrockenheit, die den Gaumen verklebt, das Sprechen erschwert, eine stechende Sonne nach der Kälte des Morgens, aber schnell sind Mühe und Qualen vergessen, als gegen Mittag das Grün der Oase *Huara* gleich einer Fata Morgana flimmernd am Horizont emporsteigt. Schon lang zuvor haben die wüstengewohnten Pferde und Maultiere die Nähe frischer Luzerne gewittert, den Tritt beschleunigt.

Huara liegt an der Kreuzung der Karrenwege, die sich hier, von Tarapacá kommend, in Richtung Iquique und Pisagua trennen. Man ist auf Durchreisende vorbereitet, obwohl natürlich Verpflegung und Herberge keinem europäischen Standard entsprechen, beileibe nicht dem des *Hotels de Chile* in Valparaíso; einmal ganz abgesehen von ein paar fragwürdigen Spelunken, sogar Bordellen, die schon bis hier in die Wüste vorgedrungen sind. Jorge Hilliger kann sich aber wieder einmal ausstrecken, zwar trocken und hart, erinnert ein wenig an die Koje auf der *Hindostan.*

Am dritten Tage geht es flott voran. Wie üblich setzt sich die Karawane in kalter und stockfinsterer Nacht vor Sonnaufgang in Bewegung, aber schnell ist jede Qual vorüber, als in der Mittagshitze weit drunten in tiefer Schlucht die Häuser und das weite Grün bebauter Felder erscheinen. Tarapacá, der „versteckte Baum" auf Indianisch, verdankt seine Fruchtbarkeit dem *Rio Pedregoso,* dem „Steinernen Fluss". Sein Wasser, das Schmelzwasser der Gletscher *Quimsachato* und *Sillahuaya,* hier in viele

Kanäle verzweigt, bewässert nach altindianischem noch gültigem Verfahren Felder und Anpflanzungen, bevor der letzte Tropfen im steinigen Boden versickert. Jorge ist überrascht von der Üppigkeit der Vegetation, den ansprechenden und gepflegten Häusern der Besitzer dieses schönen Stückes Land inmitten einer erbarmungslosen Wüste. In vielen Windungen führt der Weg hinunter in das Wunderland, übrigens auch Sitz der Provinzregierung. Im Hause der Familie von Frau Felipa del Carpio de Vernal und ihres Sohnes Mariano, Geschäftspartner von *Ceballos y Ugarte*, findet er eine mehr als gastfreundliche Aufnahme, kann sich jetzt schon freuen, wieder in einem weichen Bett schlafen zu dürfen, geschützt vor der unerbittlichen nächtlichen Kälte.

Auffallend in dieser einsamen Wüstenschlucht sind die Häuser der wohlhabenden Grundstücksbesitzer und Betreiber der weiter oben in den Bergen liegenden Silberminen. Rund umgeben von einer breiten Veranda, die zu einer gepflegten Mittagsruhe, einer *Siesta*, geradezu einlädt. Etwa einen halben Meter über dem Erdboden findet der Besucher im vorderen Teil des eingeschossigen Flachbaus Küche, Salon, Wohnräume und ein weiträumiges Speisezimmer, an dessen Tisch bequem zwölf Personen Platz nehmen können, selbstverständlich auch der Arbeitsraum des *Patrons*, des Hausherrn Don Mariano. Die Schlafzimmer sind nach erstem flüchtigem Augenschein wohl mindestens sechs, eins steht dem Besucher im hinteren Teil des Gebäudes zur Verfügung.

Auffallend ist auch die Ausstattung der Räume. Hier wurden bessere Möbel, Schränke und Betten aus Lima eingeführt, sie verraten die Handwerkskunst der urspanischen Einwanderer. Man sitzt nicht mehr allein auf dem Holz kunstvoll verarbeiteter Stühle des *arte colonial,* sondern genüsslich auf Kissen aus Alpaca-Wolle. Eine Wohltat nach der anstrengenden Reise.

„Wir haben Sie schon erwartet, denn vor Wochen erhielten wir eine Nachricht, dass Sie sich im Oktober dieses Jahres in Hamburg einschiffen würden. Dann ist die Überfahrt ja recht rasch verlaufen, wenn Sie jetzt schon hier sind. Nun ruhen Sie sich erst einmal aus, der Ritt hierher ist doch recht anstrengend.“

Wieder einmal ist Jorge überrascht, man kennt ihn doch noch gar nicht und trotzdem wird ihm diese freundschaftliche Aufnahme zuteil.

„Zunächst möchte ich mich sehr herzlich bedanken. Sie werden es verstehen, dass ich überrascht bin, hier diese liebe Aufnahme zu finden und überhaupt diese herrliche Landschaft, wirklich *Jauja,* ein Schlaraffenland inmitten dieser fürchterlichen Wüste, dieser Hitze tagsüber, nachts dann die Kälte.“

Don Mariano, der Gastgeber, winkt ab: „Ist schon gut, wir freuen uns, wenn wir Besuch bekommen und ganz besonders von so weit her. Wir hoffen natürlich auf eine angenehme Zusammenarbeit, sehen schon, spüren es direkt, mit Ihnen werden wir gut auskommen. Jetzt ruhen Sie sich bitte erst einmal aus, um sieben essen wir und morgen haben wir genug Zeit, alles Weitere zu besprechen.“

Es folgen noch weitere höfliche Worte beiderseits, Jorge zieht sich zu einer *Siesta* auf der Veranda zurück, übersteht die Mittagshitze, spaziert ein wenig im Schatten weitausliegender Pfefferbäume, bewundert die Anpflanzungen von Pfirsichen, Feigen und Wein, versucht aus dem Gewirr der vielen großen und kleinen Bewässerungskanäle schlau zu werden, genießt das frugale Abendessen, bei dem wohlgemeinte Trinksprüche auf eine gute Zusammenarbeit ausgetauscht werden, und sinkt schließlich gegen Mitternacht in ein weiches Bett im rückseits gelegenen Teil des Hauses.

Ungewohnte Geräusche unterbrechen die Stille der Nacht. Das Haus ächzt, stöhnt, knirscht wie verhext, ein unbekanntes, fremdes, unwirkliches Aufbegehren der Natur. Es ist das Holz, tagsüber durch Hitze aufgewärmt, zieht es sich des Nachts zurück, wieder zusammen. Der Schlaf will nicht kommen inmitten dieses erdrückenden, ausufernden Grüns, tief unter der Trostlosigkeit einer erbarmungslosen Wüste, weitaus menschenfeindlicher als er sie sich je vorgestellt hatte. Tausende von Meilen entfernt von seinem heimatlichen Lauenburg steht er nun vor der wichtigsten Entscheidung, die ihm bisher im Laufe seines bislang kurzen Aufenthaltes an der Küste dieses angeblich *Stillen* oder Pazifischen Ozeans auferlegt wurde: Wird er sich an diese neue Lebensart, diese allgegenwärtige Unbekümmertheit gewöhnen können? Gedanken spielen, werden auf unbekannte Räume abgedrängt. Den in hanseatischen *Contors* gepflegten Hochmut, das ihm an Elbe und Jeetze eingeimpfte Überlegenheitsgefühl des Europäers, hat er bereits in Valparaíso ablegen müssen, aber nun diese Art des ungewohnten fröhlichen Dahinlebens wie auf einer abgelegenen Insel, des Nehmens aus der Fülle des Daseins, ohne des Denkens an das, was die Zukunft bringen könnte, dieser Abgeschlossenheit, dieser selbstgewählten Entfernung vom

Weltgeschehen? Soll man denn an die Zukunft denken, liegt sie doch nicht nur in der Ferne, sondern auch hoch da oben im harten Wüstensand, weit davon? Rücklagen, Reserven schaffen, wie es in Lüneburg gelehrt wurde, nein, heute ist heute und uns geht es ja recht gut. In dieser entspannten Atmosphäre tief hier unten lässt man hitzige politische Diskussionen erst gar nicht aufkommen, was die da fernab in Lima treiben berührt uns sowieso recht wenig, und was geschieht in Europa? Da soll es Revolutionen gegeben haben? Da wollen manche sich einfach nehmen, was nach ihren Vorstellungen ihnen zusteht, ohne ein ererbtes Recht zu besitzen oder gar etwas geleistet zu haben? Sollen die doch tun und lassen, was sie wollen, solche neumodischen, abwegigen Gedanken kommen hier erst gar nicht auf, können wir auch gar nicht gebrauchen. Rings umher blüht die Natur und wird weiter blühen, solange Wasser fließt, und warum sollte es eines Tages nicht mehr fließen? Die Berge und der Schnee liegen hoch dort oben und werden auch in hundert Jahren noch liegen.

Der Gedanke an ein neues Leben lässt dem Lauenburger Jorge Christian Hilliger keine Ruhe, muss er sich damit abfinden? Notfalls auch dafür angeborene und angelernte Überzeugungen opfern, will er hier in dieser Einöde überleben, sich in jeder Hinsicht akklimatisieren, zu Erfolg bringen? Was sind das für Menschen, die hier seit Jahrzehnten, ja vielleicht seit hundert Jahren leben? Haben sie Sorgen, etwas zu befürchten? Doch höchstens eine Krankheit, aber dagegen gibt es Heilmittel, die den *Sanadoras*, den *Yatiris* aus Zeiten der *Atacameños* und gar der *Incas* überliefert wurden, es sei denn, fremde Krankheiten werden aus Europa eingeschleppt. Kommt über sie von Zeit zu Zeit doch so etwas wie eine Sehnsucht nach der alten Heimat, der Heimat der Vorfahren, nach Spanien, den fruchtbaren, grünen andalusischen Gärten am Ufer des Guadalquivir, den wechselhaften, mal sandig trockenen, mal grünen Höhen Aragons, hier in dieser trostlosen Wüste oder hat ihre Vermischung mit den Ureinwohnern, den *Atacameños*, die Erinnerung an die alte Heimat, an die Vergangenheit der Vorfahren verblassen lassen? Es sieht aus, als sei es so abgelaufen, denn sonst wäre doch Spanien das tägliche Thema. *Wird dieses auch mein Schicksal sein?* Der erwartete Schlaf will nicht kommen, es knarrt, knurrt, stöhnt, geistert im Gebälk.

Wer ist diese grausame, unerbittliche Wüste? Ihre unendliche Weite lässt in dieser nächtlichen Stille den Gedanken freien Lauf, hier nicht einmal unterbrochen vom leisen Rieseln eines grobkörnigen Sandes, den der ewige Wind vor sich hertreibt. Sollte der kurze Aufenthalt im weltoffenen Valparaíso nur so etwas wie ein fließender Übergang, ein Abschied von einer geordneten, in festen Bahnen gebundenen Welt der preußischen Garnisonsstadt Salzwedel in eine vom Grün überwucherten Oase inmitten dieser grenzenlosen Einöde sein, deren üppige Vegetation sich ganz offensichtlich auch auf das Wesen der hier lebenden Menschen übertragen zu haben scheint?

Der Morgen graut, direkt unter seinem Fenster kräht ein Hahn, ein anderer, weiter entfernt, kontert, ein dritter mischt sich ins Konzert. In dieser kalten Wüstennacht wird aus dem Lauenburger Bürger Georg Christian Hilliger auch innerlich ein Jorge Hilliger aus Iquique im fernen, fremden Peru. Er ist mit sich einig, nicht ein Sollen wird der Antrieb seines Schaffens in dieser unendlichen Einsamkeit werden, nein, es wird das Wollen sein, das er seinem Schaffen hier zugrunde legen wird.

Das Klima bringt es mit sich, in San Lorenzo de Tarapacá wird früh aufgestanden, gilt es doch die morgendliche Kühle zu nutzen. Dafür ist mittags, wie bereits erfahren, eine längere *Siesta* angebracht. Nach einem ausgiebigen Frühstück führt Don Mariano seinen Besucher in seinen Arbeitsraum, wird von Jorge belehrt, dass das in Hamburg *Contor* genannt wird. Don Mariano lacht laut auf:

„*Contor* sagen Sie, das gefällt mir. Ab sofort werde ich mein *Escritorio* auch so nennen, heute Mittag wird das gesamte Hauspersonal angewiesen."

Wie schon in Iquique ist Jorge erst einmal entsetzt. Buchhalterische Unterlagen gibt es so gut wie nicht, höchstens ein paar Zettel, auf denen eilig hingekritzelte Zahlen stehen. Vieles wird überhaupt nur mündlich abgehandelt.

„Sehen Sie, Don Jorge, morgen geht ein Transport Melonen an die neuen Salpeterwerke in La Noria von diesem verrückten Engländer Smith ab. Verrückt, weil der ständig neue Methoden einführt anstelle an den alten, bewährten *Paradas* festzuhalten. Das Alte hat sich doch bewährt, ist gut und warum dann etwas Neues machen? Das ist doch reiner Unsinn."

Der so angesprochene Jorge wagt nicht direkt zu widersprechen. Erfahrungen muss er erst noch sammeln, nur vom täglichen Geschäft, von Soll und Haben versteht er etwas.

„Und wie legen Sie den Preis der Melonen fest?"

„Eigentlich überhaupt nicht. Sehen Sie, ich rechne mir aus, was ich hier für meinen Haushalt und so weiter brauche, dann eine kleine Rücklage bis ich, sagen wir, die nächste Partie Mais oder Luzerne für die Pferde und Maultiere abschicken kann, und das ist dann der Verkaufspreis für die Melonen. Es sind fünfzig Stück und die dort können meinen Preis auf die fünfzig umlegen. So einfach ist das, *así tan simple.*"

„Haben Sie mal daran gedacht, eine richtige Buchhaltung anzulegen, zu wissen, wo, wie und was Sie verdienen, zum Jahresschluss eine Bilanz zu machen?"

„Nein, aber das ist eine großartige Idee. Ich habe gehört und gesehen, dass man in den Städten, zum Beispiel in Valparaíso, so vorgeht. Da können Sie hier ja gleich anfangen. Allerdings haben wir hier ein Problem: Uns steht Bargeld so gut wie gar nicht zur Verfügung. Wir bekommen Salpeter von den *Paradas* oder Silber von den Minen, das ist unsere Währung."

Jorge Hilliger sieht die Aufgabe, fängt sofort an, sammelt erst einmal Zettel, fragt den *Patron* aus. Der erteilt Auskunft, soweit er kann, soweit er erinnert.

Und da stoßen sie auf das erste Problem. Es gibt gar nicht genug Papier, geschweige denn Bücher und Hefte, so wie es ein *approbierter hanseatischer Kaufmann* für unbedingt notwendig, für *indispensable* hält. Das kann alles nicht in Iquique geschweige denn in Tarapacá, sondern muss in Valparaíso bei *Stahr & Mex* bestellt werden. Don Mariano weiß Rat:

„Morgen schicken wir einen Boten nach Iquique. Der soll eine Bestellung für Valparaíso mitnehmen. Sie schreiben auf, was Sie brauchen für Vorwerk, da haben wir noch ein kleines Guthaben aus Lieferungen von Salpeter oder ein paar *onzas* Silber, weiß nicht mehr genau, was es war. Irgendwo habe ich das aufgeschrieben."

Er sieht sich suchend im *Contor* um, mal dahin, mal dorthin, kann sich offenbar beim besten Willen nicht erinnern, wo denn dieser verdammte Zettel mit der Auflistung des Guthabens liegen könnte.

„Der Zettel muss ja irgendwo liegen, kann ihn jetzt nicht finden. Das macht nichts, Vorwerk ist eine honorige Firma, falls wir dort ein Guthaben haben, wissen die es genau, da brauchen wir keine Angst zu haben. Wird schon alles stimmen."

Noch einen kurzen Rundblick im *Contor*, aber dass der Zettel nicht aufzufinden ist, scheint Don Mariano nicht zu beunruhigen, bei Vorwerk in Valparaíso wird man das schon alles richtig verbucht haben.

„Schreiben Sie genug auf, wir werden auch Bücher für Iquique brauchen und hier in Tarapacá wird noch manch einer Ihre Dienste gern in Anspruch nehmen wollen, sobald sich herumgesprochen hat, was Sie hier machen werden. Das wird heute Abend sein, denn heute Abend wollen wir eine kleine *Fiesta* veranstalten, da kommen alle unsere Nachbarn. Bestellen Sie also nicht zu knapp, das geht rasch weiter, in vier Wochen spätestens ist alles hier."

Eine *Fiesta*, das bedarf doch vieles an Vorbereitungen, Einladungen, Besorgungen? Das kann doch nicht im Laufe eines Tages erledigt werden? Anscheinend muss Don Jorge noch manches dazulernen im fernen, abgründigen Tarapacá.

Er macht sich an die Arbeit, sortiert Papiere, Heftzettel, stapelt sie auf dem Schreibtisch, Steine müssen als Beschwerer herhalten, versucht sie zu ordnen, Zusammenhänge zu erraten. Darüber vergeht der Vormittag, es wird zum Mittagstisch gerufen, dann folgt die obligatorische *Siesta*, man erwehrt sich der winzigen, kaum sichtbaren, unangenehmen Stechmücken, *Polvoritas* genannt, und weiter geht es im *Contor*.

Unterdessen bemächtigt sich eine fieberhafte Tätigkeit des Hauses. Gewaltige Fleischstücke werden herbeigetragen, auch Gemüse und Obst, aus einem Kellerverlies treten Korbflaschen in Zehnliter-Größe voller Wein ans Tageslicht. Nur im *Contor* bleibt es ruhig, Don Jorge sortiert weiter Zettel, addiert auf der Rückseite bereits beschriebener Papiere, schüttelt den Kopf, addiert noch einmal. Vieles kann auch beim besten Willen nicht auf einen gemeinsamen Nenner gebracht werden. Er wird wohl länger hierbleiben müssen.

Es wird sieben Uhr, die größte Hitze ist vorbei, langsam füllt sich das Haus. Nachbarn kommen in Massen, sogar ein kleines Orchester bestehend aus Guitarre, einem mit Saiten bespannten Holzkasten, der wohl wie eine Harfe klingen soll, einer Pauke, einer lautstarken Trompete und anderen Lärm erzeugenden Instrumenten hat auf der Veranda Platz genommen, erfüllt das Haus mit mehr Geräusch als Musik, das trotz allem viele Besucher zum Tanz animiert. Alle wollen den *Gringo*, den *Alemán* kennenlernen, der gerade eingetroffen, nun dieses schmutzige Grau der Pampa endgültig ins Geschäft zu bringen vorhat, obwohl es da schon mehr oder minder erfolgreiche Vorgänger versucht haben. Auf einen Schlag lernt Jorge die Familien Carpio, Villa, Ugarte, Jachura, Zavala, Tinaxas, Rocha und andere kennen, alle Nachkommen spanischer Einwanderer, die sich schon vor Jahrzehnten, zum Teil bereits unter spanischer kolonialer Herrschaft, hier niedergelassen und mit den ansässigen *Atacameños* vermischt haben, was nicht immer zum Nachteil geriet. Die Familie Vernal darf sogar einen Kämpfer der Unabhängigkeitskriege und derzeitigen Staatspräsidenten, den Marschall Ramon Castilla, zu ihren Familienmitgliedern zählen, auf den sie recht stolz ist und dessen allerdings ziemlich laienhaft verwirklichtes Konterfei die gute Stube ziert. Also, hier regiert Andalusien mit Atacama, vielleicht sogar ein wenig Inka- oder Aimaráblut darunter. Ohne sich große Sorgen um die Zukunft machen zu müssen, leben sie froh und munter von den Produkten ihrer Landwirtschaft, Obst, Gemüse, Luzerne und einer oder anderen, nicht angemeldeten Silbermine im Hochland. Salpeter spielt dagegen noch eine untergeordnete Rolle.

Don Mariano begrüßt die Gäste, weist auf den Besuch seines neuen Partners hin, diesen „ehrenwerten hochgelehrten Wirtschaftswissenschaftler aus dem fernen *Alemania*, das soviele Gelehrte und Dichter *produziert* habe, zu dessen Ehren wir nun alle hier zusammengekommen seien". Er erhebt sein Glas, nicht zum ersten Mal: „*Salud!*"

Der allgegenwärtige trockene Staub zeigt Wirkung auf die Gaumen, kräftig wird Wein und *Chicha* zugesprochen, weiter hinten brutzeln faustgroße Fleischstücke im *Asador*, verschwinden in hungrigen Mägen, kaum hat der mit dem Braten beauftragte Nachbar, auch ein Carpio,

Jachura, Rocha oder so ähnlich, sie mit Hilfe einer Gabel und einer Zange vom Grill gehoben. Jorge muss vielen neuen Freunden versprechen, sich deren Buchhaltung beziehungsweise deren nicht vorhandener Buchhaltung zu widmen, sie einer Revision beziehungsweise einer kompletten Organisation zu unterziehen. Nimmt er das alles an, würde das Monate währen, müsste er Monate hier verbringen. Aber nicht alles soll dem Geschäft dienen, Don Mariano führt ihn dann auch einmal zur Seite.

„Da, zwischen den anderen Frauen, sitzt meine Schwester Rosa. Sie ist seit zwei Jahren verwitwet, nach zehn Jahren Ehe. Ihr Mann Narciso Ugarte war allerdings fünfundzwanzig Jahre älter als sie. Er hat ihr zwei Kinder hinterlassen, zwei andere sind bald nach der Geburt gestorben, sehr traurig. Kümmern Sie sich bitte doch ein wenig um sie, sie sollte jetzt wieder unter Menschen kommen, die Trauer kann ja nicht ewig dauern."

Ja, wie macht man das? Wiederholt sich das Schauspiel von Valparaíso, die Suche nach dem Schwiegersohn oder Schwager in diesem Fall? Kann man denn überhaupt eine Witwe in diesem tiefen Tal so einfach zum Tanz auffordern? Die Musik ist zwar ein bisschen laut und nicht recht zu deuten, was eigentlich gespielt wird, Walzer, eine *Cuadrilla inglesa* oder *francesa*? Das hört sich aber anders an, ein rhythmischer, ein sich stetig wiederholender Schlag, jedenfalls anders als in der Tanzstunde in Lüneburg. Ein kurzer Blick aus zwei dunklen Augen, verdeckt unter einem breiten schwarzen Hut, was vielleicht schon als Aufforderung gedeutet werden könnte, ein verstecktes Lächeln, Jorge wappnet sich mit Courage und geht auf sie zu. Sie ist ein wenig kleiner als er, schlanker als andere Frauen in diesen Gefilden, ein beinahe schon rundes Gesicht, gebräunt von der ewig brennend heißen Sonne. Trotz Witwenschaft anscheinend noch recht lebenslustig, jedenfalls lebhafter erscheinend als es in einem lateinisch, römisch-katholischen Land als gehörig den Witwen gestattet zu sein pflegt, gekleidet, was vielleicht vor fünf oder sechs Jahren *denier cri* in Paris gewesen sein dürfte, hier wohl den letzten Schrei darstellen soll. Rosa steht vor ihm, schlägt ein wenig kokett eine Locke in dem sonst zu einem Knoten gebundenen Haar unter dem Hut zurück, wie es sich gehört. Die anderen Frauen der Runde, alle sittsam zugeknöpft bis zum Hals, wollen ein verständnisvolles Lächeln hinter vorgehaltenen Fächern erst gar nicht verbergen.

„Sie sind also der *Alemán*, der ins Geschäft meines Bruders eintreten wird? Ich freue mich für Sie, es ist gut, dass mein Bruder etwas entlastet wird, er hat zu viel um die Ohren." Letzteres kommt Jorge allerdings nicht ganz so vor, da wäre ja auch der andere Bruder, es soll auch noch mehr Geschwister geben, aber immerhin, nun ist er hier mit der Absicht, keine Zeit zu verlieren. Arbeit fürchtet er nicht.

An diesem Mann, etwas größerem und auf jeden Fall gewandterem Mann als all das, was hier in der *Quebrada de Tarapacá* der holden Weiblichkeit geboten wird, wo sowieso jeder jeden kennt, weit oder fern miteinander verwandt ist, beginnen sich die Augen der Schönen dieser tiefen *Quebrada* erst einmal zu fokussieren. Wenn auch nur geistig einmal heraus aus diesem engen Tal und der ewig grauen Wüste, das ist der Wunsch dieser Frauen, deren Leben seit der Geburt vorausbestimmt zu sein scheint. Sie wissen seit Geburt, wem sie in ihrem Leben anvertraut sein werden, wie ihr Leben weiterlaufen wird und was sie erwartet. Was einem Zugereisten vielleicht wie Sklaverei anmuten könnte, ist ja weiter nichts als Alternativlosigkeit. Vielleicht einmal oder zweimal im Leben eine Reise nach Valparaíso oder Lima, für Stunden das Leben in einer Großstadt kennenlernen, mehr ist hier in den meisten Fällen sowieso nicht drin.

Das leicht gewellte dunkelbraune Haar, der nach neuester europäischer Mode gestutzte Lippenbart, die grauen Augen, das alles schafft natürlich Eindruck in dieser von Tagesglut, Nachtkälte und Langeweile beherrschten Einöde, in die sich selten Nachrichten aus der großen weiten Welt verirren, geschweige denn Damen Gelegenheit geboten wird, über Mode und Gesellschaftsklatsch ausgiebig eine Unterhaltung führen zu können.

Irgendwie muss Jorge ein Gespräch in Gang bringen, also berichtet er erst einmal, so gut es seine noch immer ein wenig schwachen Spanischkenntnisse zulassen, von der gefährlichen Seefahrt, dem Sturm an Kap Hoorn, den der Kapitän der *Hindostan* natürlich mit Hilfe seines tatkräftigen und tapferen Beistandes hervorragend gemeistert hat, war doch von ihm zu erwarten.

„Da gab es Wellen, die waren höher als der Mast unseres Schiffes, der *Hindostan*, die schlugen weit über Bord, aber ich stand fest neben dem Kapitän Bendixen, hielt das Steuer, während er Befehle an die Mannschaft erteilte, aufpasste, dass die auch in der richtigen Reihenfolge befolgt wurden. Also, bei aller Bescheidenheit, ich habe meinen Teil dazu beigetragen, dass wir diese Gefahr lebend überstanden haben, ich jetzt hier ruhig neben Ihnen sitzen darf.

Die anderen Passagiere lagen in ihren Kojen, hatten Angst und spuckten die Kajüte voll, aber ich hielt an Deck aus neben dem Kapitän, der diese Reise ja schon ein paar Mal gemacht hatte."

Statt „spuckten" wollte er eigentlich was anderes sagen, aber dann fällt ihm ein, dass er hier ja auf dem Präsentierteller steht, seinen Einstand ablegt, also ist eine vornehmere Wortwahl angebracht.

Rosa ist natürlich beeindruckt, nicht nur von der Schilderung dieser gefährlichen Fahrt um Kap Hoorn, sondern auch von der Gewandtheit ihres Besuchers, dieser Weltoffenheit, diesem Flair, das einen so weitgereisten Mann umgibt. Ganz abgesehen von seinen beinahe schon akademischen Kenntnissen, die nun in diesem abgelegenen Tal inmitten einer endlosen Wüste ihren Einzug halten.

Sie wagt eine Frage.

„Haben Sie denn nicht auch ein bisschen Angst gehabt, wenn ringsherum die Welt unterzugehen drohte?"

„Na ja, ein bisschen Angst hat natürlich jeder, wenn er so den Gewalten der Natur ausgesetzt ist. Aber das muss man überwinden und das klappt schon, wenn man mit beiden Beinen fest auf dem Boden des Schiffes steht."

Doña Rosa staunt, beschränken sich doch ihre einzigen Erfahrungen auf eine der zwei Seereisen mit ihrem verstorbenen Mann nach Lima über den Hafen von Callao, kann auch noch andere Gedanken hinzufügen. Auch Jorge kommt aus dem Staunen nicht heraus, entgegen jeder Erwartung in dieser abgrundtiefen Einöde verfügt Rosa über bemerkenswerte Kenntnisse der Weltliteratur, wie sich bald herausstellt, anscheinend gelangen sogar auch andere Bücher als solche wie der *Catón Cristiano-Católico* oder *El Almanaque Católico*, abgesegnet mit dem kirchlichen Siegel „Imprimatur", bis in die Tiefen der Schlucht von Tarapacá. Die Geschäfte ihres verstorbenen Mannes weiß sie mit Umsicht weiterzuführen, wie man erfährt. Dem Vernehmen nach hatte sich Don Narciso offenbar intensiv mit Silberminen im Hochgebirge, in *Huantajaya*, und ein wenig, beinahe schon nebensächlich, mit dem Abbau von Salpeter beschäftigt.

Pater Gilberto tritt näher, wittert er hier eine baldige Amtshandlung? Der gutgenährte Vertreter der örtlichen Geistlichkeit kommt ebenfalls aus Andalusien, kann den Zungenschlag seiner heimatlichen Provinz nicht verbergen. Natürlich ist ihm daran gelegen zu wissen, was dieser *Alemán* hier will, was er im Schilde führt. Als Vertreter der Geistlichkeit erwartet er selbstverständlich einen kleinen Obolus für den Ortsheiligen, den *San Lorenzo*. Der *Alemán* könnte ja auch ein Ketzer sein, solange er aber nicht gegen den Strom des Ortsheiligen, den *San Lorenzo* schwimmt, sei er willkommen.

Bei solcher Musik, bei der Tonqualität durch Lautstärke ersetzt wird, will natürlich ein echtes Gespräch nicht in Gang kommen, will sich Jorge das auch gern für eine spätere Gelegenheit aufheben. Seine Erfahrungen mit südamerikanischen Schönheiten beschränken sich bisher zwar nur auf das kurze Erlebnis mit Micaela in Valparaíso und das kann man wirklich nicht ernst nehmen, jedenfalls liegen hier die Verhältnisse doch ganz anders. Also tanzt er mal mit Rosa, auch mit der einen oder anderen der Damen aus der Runde, wobei nicht einmal richtig festgestellt werden kann, wer ist hier Frau eines

Gutsbesitzers oder eines Landarbeiters, sie alle hüpfen kreuz und quer durcheinander, sind ja auch oft miteinander verwandt oder verschwägert. Grundlegende soziale Unterschiede scheint man in diesem tiefen Tal nicht zu kennen. Für alle gibt es genug zu essen und zu trinken und was braucht der Mensch denn mehr?

Es wird Nacht und kühl. Trübe Öllampen in aus Blech improvisierten Behältern verbreiten eine schummerige Beleuchtung und einen sanften süßlichen Geruch, Olivenöl wird nämlich in den Lampen verwendet. Zudem die heranrückende nächtliche Kühle, was alles bald ein näheres Miteinander-Zusammenrücken der jugendlichen Tänzer erlaubt, mehr als es die gutbürgerlichen Vorschriften in Lüneburg oder Salzwedel je gestattet hätten.

Schon lang hat es Mitternacht geschlagen, die letzten Gäste machen sich auf den Weg nach Hause. Man verabschiedet sich, spart die Wünsche auf ein baldiges Wiedersehen, denn das ergibt sich hier sowieso von ganz allein.

Am nächsten Morgen, allerdings reichlich spät gemessen am Salzwedeler Vorbild, kehrt Don Jorge zu seiner Zettelwirtschaft zurück, ansonsten lässt sich niemand blicken, weder im Haus noch in der Umgebung. Die *Fiesta* zeigt offensichtlich ihre Nachwehen, aber das scheint hier niemanden zu stören, man hat ja Zeit. Überall sind die Folgen der Nacht zu sehen, leere Korbflaschen, Bestecke, Tücher, abgebrannte Öllampen liegen herum. Es wird sich schon jemand finden, der hier aufräumt, für Ordnung sorgen wird. Don Jorge sammelt weiter Zettel, schreibt auf, was er für wichtig hält und das ist eigentlich so ziemlich alles, denn, welchen Maßstab könnte man hier sonst anlegen?

Die neuerworbenen Freunde treten in den folgenden Tagen an Don Jorge heran, bitten um Beistand bei der Einführung einer halbwegs geordneten Buchhaltung, so wie sie sich das gerade einmal vorstellen können, denn dass etwas geschehen muss, haben sie unterdessen erkannt. Allerdings, und das muss Don Jorge auch schnell feststellen, ist ein solcher Besuch in einem fremden Haus im tiefen Tarapacá-Tal, anfangs als geschäftlich ausgesprochen und wohl auch gedacht, stets mit ausgiebigem und auf Langzeit ausgelegtem Essen und Trinken verbunden, ja man hat den Eindruck, dass dem gesellschaftlichen Teil erheblich mehr Bedeutung zugesprochen wird als dem reinen geschäftlichen oder eben buchhalterischen.

So fällt ihm auch weiterhin gar nicht auf, dass Don Mariano eines Morgens, gerade als sie wieder einmal nach irgendwelchen Papieren suchen, mehr nebenbei bemerkt:

Das Abendessen

„Heute Abend erwartet Sie meine Schwester Rosa zum Abendessen, aber besser Sie gehen schon am Nachmittag, denn sie kommt mit ihrer Buchhaltung überhaupt nicht zurecht. Mein Schwager Narciso Ugarte, Gott hab' ihn selig, ist nun schon sage und schreibe zwei Jahre tot, hat, soweit ich weiß, alle Unterlagen geordnet zurückgelassen, aber eine richtige Buchhaltung wurde da nie geführt. Rosa ist auch sehr ordentlich und gewissenhaft in ihren Angelegenheiten, aber da muss wohl ein Mann mal hineinschauen. Es ist nicht weit, aber Juanito kann Sie mit der Kutsche hinfahren."

Juanito – vielleicht heißt er in Wirklichkeit gar nicht so – ist im Hause Vernal für alles zuständig, mal hilft er in der Küche, mal hackt er Brennholz für den Herd, kehrt den Hof, repariert das Dach, holt irgendwo etwas ab, steht für jede Art von Besorgungen zur Verfügung, hilft sogar beim Suchen der für die Buchhaltung notwendigen Unterlagen, obwohl er bestimmt nicht lesen kann, wie Jorge schon feststellen musste. Übrigens scheint die hohe Wissenschaft des Lesens und Schreibens nur wenigen Bewohnern dieses Tales vorbehalten zu sein. Er steht also nach der *Siesta*, ohne dass eine weitere Anweisung notwendig gewesen wäre, mit einer recht primitiven zweirädrigen Karre vor der Veranda. Nun, diese Karre eine Kutsche zu nennen ist wahrlich eine Übertreibung, aber schon geht es los.

Das Haus der Schwester Rosa, die *Chacra Chañar*, liegt wirklich nur eine Meile entfernt, aber vielleicht wäre bei dieser nachmittäglichen Hitze die Anstrengung eines kleinen Fußmarsches schon zu groß. Schwester Rosa wartet an der Tür, ist sichtlich hocherfreut. Juanito lädt seinen Gast ab und zuckelt davon.

Die Häuser der besser situierten Bewohner dieses Tales gleichen einander wie ein Ei dem anderen. Sie alle besitzen eine breite, mit Stroh oder einem anderen schilfartigen, auch hartem Gras ähnlichen Gewächs überdachte breite Veranda, die nicht nur zur *Siesta* einlädt, sondern verhindern soll, dass die heißen Sonnenstrahlen direkt in die Wohnräume eindringen. Dicke Mauern aus Natursteinen, versetzt mit luftgetrockneten Lehmziegeln, kalkgeweißt, bescheren Kühle, lassen die größte Hitze draußen. Allerdings, hier war kein Architekt notwendig, der diese Vorteile zu berechnen wusste, denn die hatten sich wohl im Laufe der Zeit ganz von allein ergeben.

Die Hütten der Arbeiter und sonstigen Bediensteten dagegen fallen stark ab. Sie bestehen aus einem Geflecht aus Maisstroh, das auch gleich als Dach herhalten muss. Für Schatten sorgen Pfefferbäume oder Palmen. Regen ist hier ja nicht zu befürchten.

Doña Rosa führt ihren Gast in einen zentralen Wohnraum, angenehm macht sich der Temperaturunterschied bemerkbar. Die Einrichtung wie im Hause Vernal, die gleichen Möbel aus kolonialer Werkstatt, reich verziert, nur ein Fenster versehen mit Glasscheiben im Minimalformat.

Ein Glas frisches Wasser belebt den Geist nach der kurzen staubigen Reise und dann folgt gleich die erste Überraschung: Bücher im Regal! Wenn auch nur wenige, ihr recht zerlesener Zustand lässt jedoch auf reichlichen Gebrauch schließen. Allerdings, das hat der weitgereiste hanseatische Kaufmann aus Lauenburg hier unten in diesem tief abgelegenen Tal eigentlich nicht erwartet.

„Da sind Sie überrascht, nicht wahr?"

Die Hausherrin zeigt sich erfreut über das erstaunte Gesicht ihres Besuchers.

„Ja, hin und wieder hatte mein Mann ein paar Bücher von seinen wenigen Reisen nach Valparaíso und Callao mitgebracht oder auch kommen lassen, aus Chile oder aus Lima, was *dort* gerade gelesen wurde. Er selbst hat selten einen Blick hineingeworfen. Sogar ein paar alte Zeitungen sind damals von den Reisen mitgekommen, liegen noch irgendwo herum, *El Comercio de Lima, El Ferrocarril,* und *El Mercurio,* ich habe sie aufgehoben. Wenn

er es nicht tat, dann habe ich mich in die Bücher hinein-
gelesen, sie immer wieder zur Hand genommen, mich
in meinen Träumen in fremde ferne Welten versetzen
lassen. Wir leben hier ja so weitab von der großen Welt."

Sie kommt ins Schwärmen, nimmt ein Buch zur Hand,
ein paar lose Seiten fallen heraus. Don Jorge greift rasch
zu, verhindert, dass sich der ganze Band auflöst, der le-
derne Deckel zu Boden fällt. Noch weiß er nicht, was er
sagen soll, so groß steht ihm die Überraschung ins Gesicht
geschrieben, hat er doch selbst nur selten zu einem Buch
gegriffen und das auch nur dann, wenn wirklich nichts
anderes zur Hand lag. Ausgenommen selbstverständlich
Lehrbücher für Handlungsgehilfen, wie den *Bergmann*.
Diese unerwartete Lage zwingt ihn, jetzt muss er natürlich etwas Passendes sagen, kann nur hoffen, dass ihm
dazu das Richtige einfällt:

„Ich kann mir ja vorstellen, dass solche Bücher, gerade weil es so wenige sind, überhaupt jedes Buch, hier im
Tal die Runde gemacht haben, die anderen Frauen sich
auf die Lektüre gestürzt haben."

„Was, die anderen? Die halten mich für verrückt, *loca*.
Viele können überhaupt nicht lesen, sie haben es nie gelernt. Wozu auch? Sogar heute noch halten es nur wenige
Väter für notwendig, ihre Töchter zu den Carmeliterinnen zu schicken, damit die ihnen lesen und schreiben
und ein bisschen rechnen beibringen. Die Frauen sollen
Kinder kriegen und gut kochen können, den Haushalt
führen, das ist hier die Einstellung der meisten Männer,
ist sie sogar heute noch. Gottseidank war mein Vater anders, meine Brüder und Schwestern haben auch bei den
Nonnen auf der Bank gesessen und ich halte es ebenso.

Meine Kinder haben lesen, schreiben und rechnen gelernt, soweit es ihnen die Nonnen beibringen konnten. Überrascht war ich dann doch, die frommen Frauen im Kloster waren nicht ganz mit dieser meiner Lektüre einverstanden. Da wollte ich ihnen die Bücher borgen, aber sie wagten sich da nicht so recht ran, obwohl sie eigentlich gar nicht weltfremd sind. Sie sind ja alle mit uns hier im Tal aufgewachsen. Die *Madre Superiora* hatte wohl Angst, ihre Schäflein könnten auf dumme, abwegige oder gar ketzerische Gedanken kommen."

Der bisher jeder geistlichen Lehre recht fern gestandene norddeutsche, protestantische Zugereiste hat dem wenig entgegenzusetzen, aber, dass man es nicht für notwendig, ja lebenswichtig hält, seinen Kindern lesen und schreiben beizubringen, ist für ihn schon absoluter Schwachsinn und dass man obendrein Bücher in dieser Einsamkeit nicht lesen soll, weil sie eventuell ketzerisches Gedankengut enthalten könnten, geht über sein Verstehen. Sein Gesicht muss wohl diesem Mangel an Verständnis Ausdruck geben, denn *Doña* Rosa möchte noch hinzufügen:

„Und dabei liegen diese Bücher und Schriften von Fernan Caballero streng im Sinne der katholischen Kirche. Übrigens ist Fernan Caballero kein Mann, sondern eine Frau mit Namen Bohl, Tochter eines deutschen Kaufmanns aus Cadiz. Als Frau durfte sie in Spanien kein Buch veröffentlichen, das verbot ihr die Katholische Kirche, also tat sie es unter dem Namen Fernan Caballero. Ihr schönstes Buch ist dieses hier, *La Gaviota*. Ich habe es wieder und wieder gelesen, solch eine traurige Geschichte eines armen Fischermädchens, das wunderbar singen konnte, und eines deutschen Offiziers."

Zwar kann sich Don Jorge kaum erinnern, jemals einen Roman oder überhaupt ein Buch der schönen Literatur zur Hand genommen zu haben, auch wenn es in Deutsch geschrieben war, so wäre das hier vielleicht der Augenblick, seinen noch nicht ganz geläufigen spanischen Wortschatz mithilfe dieses ihm unbekannten Schriftstellers Fernan Caballero erheblich zu verbessern, vor allem weil da bestimmt ein besseres Spanisch zur Anwendung kommt als die hier im Tarapacá-Tal oder Iquique verwendete Alltagssprache, die überdies noch stark mit ihm unverständlichen Ausdrücken der Sprache der Ureinwohner, der *Atacamaños,* vermischt ist.

Tochter Isabel, eine aufblühende Schönheit im Alter von vierzehn Jahren, und Sohn Alfonso, gerade neun Jahre alt geworden, haben sich der Gesellschaft angeschlossen. Noch etwas schüchtern, geht doch dem *Aleman* der Ruf einer weitgereisten Respektsperson, also eines Gelehrten voraus, zu dem Abstand zu wahren geraten sei. So halten sich beide stets in nächster Nähe zur *Mamá* auf, man kann nie wissen, was diesem Gast plötzlich durch den Kopf gehen könnte. Offenbar hat *Mamá* sogar darauf geachtet, zu diesem Anlass Sonntagskleidung anzulegen, auch wenn Alpaca-Wolle ein wenig kratzt und überhaupt unbequem bei der Hitze ist.

„... Und dann wäre noch dieser Band von Pedro Antonio de Alarcón. Er beschreibt so schöne Reisen, die er überall gemacht hat und ich, ich sitze hier in diesem Loch, hundert Fuß tief unter der Wüste."

Darauf hat Don Jorge die einzige Antwort, die wohl jedem nach Durchquerung dieser unendlichen, jeder Vegetation fremden Wüste einfallen muss:

„Aber dieses Loch ist ein schönes. Oben die unbarmherzigste, menschenfeindlichste Wüste der Welt, trocken, dass einem die Zunge am Gaumen klebt, heiß des Tages, erbärmlich kalt in der Nacht. Da ist dieses Loch hier unten doch ein echtes Paradies."

„Na ja", *Doña* Rosa kehrt zur Wirklichkeit zurück, „gehen wir nach nebenan, da ist mein Büro."

Auch diesem Büro haftet das Flair einer ungeordneten Verwaltung an, doch *Doña* Rosa beherrscht das Chaos. Sie weiß, wo welches Papier liegt, unter welchem beschriebenen Heft welche Abrechnung begraben wurde.

„Da müsste einmal richtige Ordnung reingebracht werden", meint sie, gibt ihrer Meinung betont Nachdruck, weist rundum mit der rechten Hand, zeigt auf mit Papier beladene Regale, Don Jorge kann dem nur zustimmen, nach einem kurzen Blick in die Runde.

„Na, dann mal los, fangen wir an."

Knapp zwei Jahre ist es her, dass Don Narciso verstorben ist, auf vielen Gebieten hatte er seine unternehmerischen Fähigkeiten unter Beweis gestellt. Da gab es Silberminen, manche hoch droben in den Bergen und fern jeder staatlichen Kontrolle und Besteuerung, sowohl seinerzeit der kolonial-spanischen als auch später der republikanischen, sodann eine Beteiligung an dem einst spanischen staatlichen *Real Asiento de Minas de Plata de Huantajaya*, dessen Ruinen Don Jorge am ersten Tage seines Rittes von Iquique nach Tarapacá begegnet war. Hinzu kommen die kräftigen Einnahmen aus dem Anbau von Luzerne, dem Futter der in den Minen in harter Fron geschundenen Pferde und Maultiere, und auch aus der Verpachtung von Salpeterfeldern, deren Ausbeutung in den Händen zum Teil zweifellos gewissenloser, ja sogar räuberischer Kleinstunternehmer liegt. Obendrein bringen Lieferungen von Wein aus eigener Ernte, hier aus Tarapacá hinauf nach Bolivien, bis nach Potosi und Cochabamba, manches erkleckliches Sümmchen ein. Ein buntes Sammelsurium, festgehalten in zahllosen Zetteln und Heften.

„Gibt es da eine Abrechnung, überhaupt eine Währung, in der das alles verrechnet werden kann?"

Ein hanseatischer Kaufmann ist gewohnt, in Courantmark, preußischen Thalern, britischen Pfund oder, wenn es gar nicht anders geht, in chilenischen Silberpesos zu rechnen, hier muss es wohl eine andere Währungseinheit geben. Gibt es auch, *Doña* Rosa erklärt:

„Wir hatten hier früher den spanischen Real. Nach den Unabhängigkeitserklärungen und den folgenden Bürgerkriegen haben die neuen Regierungen einfach die alten spanischen Silber- und Goldmünzen beibehalten, Prägeanstalten waren noch von den Spaniern in Lima, Potosi und Santiago unter der Vergabe von Lizenzen eingerichtet worden und ganz einfach wurde nur das Konterfei des spanischen Königs durch neue Symbole ersetzt. Der Erfolg war, dass wir praktisch eine Währungseinheit hatten, denn ein peruanischer Real entsprach dem Wert eines chilenischen oder eines bolivianischen Peso."

„Und das ging, das lief einfach so weiter?"

„Das lief wunderbar, in der Praxis nahmen wir irgendeine Münze, bis die Bolivianer begannen zu schwindeln, ihren Pesomünzen weniger Silber beizufügen, der *Peso Feble* entstand. Heute wird er mit vierzig Prozent Abschlag gehandelt."

Da sitzen also große Financiers in Hamburg, Frankfurt, Paris, London, Venedig oder Wien, beraten über Geldwechsel und Handelsverkehr, während hier, sozusagen vergraben unter dieser Hochgebirgseinöde, die Sache ganz von allein läuft. Darüber hatten sich die neuen Regierungen wohl überhaupt keine großen Gedanken gemacht. Die Überraschungen im Kopfe des hanseatischen Kaufmanns lösen einander ab. Er sieht auch hier wird einen Berg Arbeit auf sich zukommen, doch zuvor wäre aber noch ein anderes Thema zu klären:

„Was machen Sie denn mit dem Geld? Hier im Tal hat man doch wenig Verwendung?"

Das nimmt *Doña* Rosa sehr gelassen:

„Stimmt, hier in der *Quebrada* wird nur angeschrieben. Meist bekommen wir gar kein Geld. Essen und Luzerne, auch Werkzeug, das wir über Iquique einführen, liefern wir gegen Silber, die Salpeterleute dagegen bezahlen uns mit Salpeter, das wir in Jutesäcken zu je einem Zentner zusammenpacken und nach Valparaíso schicken, dafür beziehen wir Werkzeuge und vieles andere. Das verkaufen wir dann wieder an die Bergleute."

Hat alles nicht in den Lehrbüchern in Mölln und Lüneburg gestanden, schon gar nicht im Bergmann. Da muss ich wohl allerlei dazulernen, denkt Don Jorge, aber da kommt ihm schon die nächste Frage:

„Und was machen Sie mit dem Silber?"

„Das liegt dort in dem Schrank. Dort, sehen Sie! Die Tür ist offen."

„Ja, aber, ist das nicht gefährlich? Klaut das keiner, gibt es keine Überfälle?"

„Überfälle, klauen? Wer soll denn hier klauen? Erstens stiehlt hier keiner, wir kennen uns alle gut, sind meist sogar verwandt miteinander, und sollte wirklich einmal einer auf abwegige Gedanken kommen, kommt er nicht weit, den Rest besorgt die Wüste."

Die beiden Kinder stehen daneben, verfolgen das Gespräch, können sich ein Grinsen nicht verkneifen. Was doch dieser *Alemán* für Ideen hat? Vom Stehlen und Betrügen haben sie hier noch nichts gehört, das gibt's im tiefen Tarapacá-Tal eben nicht, ist in der Schule von den *Hermanas Carmelitas* auch kein Thema.

Jorge Hilliger macht sich an die Arbeit, das heißt, er beginnt erst einmal Zettel und Hefte zu sortieren, Fragen zu stellen, aufzuschreiben. So ungefähr nach zwei Stunden kann er sich einen Überblick im großen Ganzen verschaffen, erkennt das beinahe schon sagenhafte Vermögen seiner Gastgeberin, die Liste der Grundstücke in den Häfen Iquique und Pisagua, der *Estacas* in den Salpeterfeldern, der Lizenzen und Nutzrechte im Silberbergbau, soweit der Abbau nicht ganz heimlich ohne jede Lizenz abläuft. Hier im Tal bewirtschaftet sie den recht ergiebigen landwirtschaftlichen Betrieb *Chacra Chañar,* an Obstbäumen sind Birne, Pfirsich und Pflaume vorhanden, ebenso gedeihen Wein und der indianische Reis *Quínoa,* einmal ganz abgesehen von dem Anbau an Luzerne, das für die Unterhaltung und Stärkung der im Bergbau beschäftigten Tiere benötigt wird. Auffallend, zur Einzäunung der Weideflächen verwendet man ein grobes, dorniges Gesträuch, manchmal bis zu einem Meter hoch, genannt *Chilca,* Holzgatter oder gar Stacheldraht sind noch nicht in dieses Tal vorgedrungen.

Es wird sieben Uhr, beginnt zu dunkeln. *Doña* Rosa bittet zum Abendessen. Nun hat der Lauenburger ein wenig Muße, kann seine Gastgeberin im Zwielicht etwas näher betrachten, was diese sich auch gern gefallen lässt. Etwas kleiner als er, aber immer noch einen oder gar zwei Zoll größer und dennoch schlanker als die anderen Damen im Tal, die er bisher kennengelernt hat, das beinahe runde Gesicht mit den schwarzen, lebhaften Augen, denen nichts zu entgehen scheint, dem sinnlichen Mund und das alles gekrönt von langem blauschwarzem Haar, das wie damals am Festabend zu einem kunstvollen Knoten gebunden, durch eine Nadel, ohne Zweifel aus Silber, gehalten wird. Die Kleidung so elegant, wie man sie in Salzwedel vielleicht vor sechs oder sieben Jahren getragen hätte, natürlich bodenlang, wie es sich gehört. Rosa gibt ihm ausreichend Zeit sie zu mustern, indem sie einem dienstbaren Geist, ganz ohne Zweifel Nachkomme eines echten *Tarapaqueño*, wohl dem Mädchen für alles, Anweisungen erteilt.

Nun, das Essen ist ihm nichts Neues mehr, es beschränkt sich auf das, was der Boden hergibt und das ist nicht gerade wenig. Die Kinder sitzen am Tisch, albern ein wenig herum, werden ermahnt, das Gespräch dreht sich wieder einmal um die aufregende Schiffsreise von Hamburg nach Valparaíso und was da alles hätte passieren können. Offenbar kann *Doña* Rosa nicht zuviel davon hören, immer wieder stellt sie Fragen, will wirklich alles wissen, meint dagegen, wenn Don Jorge sie einmal auffordert, von sich zu berichten:

„Was soll ich schon erzählen, hier in diesem Loch? Bis auf gelegentliche Ritte nach Iquique oder Pisagua habe ich nichts erlebt, nur ein- oder zweimal, vielleicht auch dreimal eine Reise nach Lima mit meinem Mann. Das war wunderschön, breite Straßen voller Menschen, elegante Frauen, das vornehme Hotel, wie Könige wurden wir bedient. Täglich gingen wir nachmittags in ein Café im Zentrum der Stadt, da verkehrte nur die beste Gesellschaft, die *Alta Sociedad* von Lima. Da mein Mann geschäftlich viele Bekannte hatte, wurden wir auch viel eingeladen, die Häuser der alten, angesehenen Familien öffneten sich uns.

Es war bekannt, dass meine Familie zu ihren Vorfahren den Kämpfer der Unabhängigkeitskriege zählt, den Marschall Ramón Castilla, schon das war eine gute Empfehlung und so waren wir ... Aber Sie haben ja noch gar nicht von der Reise um Kap Hoorn zu Ende erzählt? Auch über Ihr Leben in Deutschland weiß ich gar nichts."

Der Gast kann es sich lebhaft vorstellen, wie diese auch heute noch recht jugendlich wirkende Frau, sie muss wohl Mitte dreißig sein, eine solche Reise in eine Großstadt wie Lima genossen haben muss, hat er doch ähnliche Erlebnisse in Valparaíso gehabt. Nur um endlich von der ständigen Fragerei über die Seereise, ihre Gefahren und seine dabei gezeigte tapfere Haltung auf ein anderes Thema zu kommen, unterbricht er die Schilderung der Lima-Reise:

„Ich habe festgestellt, dass Sie neulich, am Abend bei Ihrem Bruder, recht gut über die Geschichte der großen weiten Welt informiert waren, das hat mich überrascht, denn hier in diesem Tal ..."

„Ach das! Ich habe ein paar alte Ausgaben des *Almanaque*, mein Mann brachte sie mit. Jetzt habe ich sie den

Kindern gegeben, die sollen auch mehr lesen als das, was ihnen die Nonnen vorsetzen. Diese ewige religiöse Litanei ist doch ziemlich langweilig. Obwohl ich selbstverständlich streng katholisch bin, aber immer dasselbe?"

Und so tröpfelt die Unterhaltung dahin. Öllampen werden entzündet, ihr leicht süßlicher Geruch verbreitet sich im Raum, zum Dessert stehen saftige, übergroße Weintrauben auf dem Tisch.

„Alles eigene Lese aus dem Tal. Hier gibt es wirklich alles, verhungern werden wir nicht, solange das Wasser fließt und das kommt von den Bergen. Der bolivianische Winter, so nennen wir die jährliche Regenzeit im Gebirge, sorgt in jedem Jahr, meist im Februar, für neuen Schnee dort droben, dann kommt aber auch oft eine echte Sintflut hier durch unser Tal herunter, schwemmt Teile unserer Ernten davon. Da muss man aufpassen, allerdings, schon die *Atacameños* und später die Sendboten der *Incas* wussten die Fruchtbarkeit der *Quebrada de Tarapacá* zu schätzen. Das ganze Kanalsystem stammt noch von den Ureinwohnern, die Verteilung der großen und kleinen Kanäle und wie das Wasser zu den verschiedenen Tageszeiten umgelenkt werden muss. Daran hat sich so gut wie gar nichts in den vielen vergangenen Jahren geändert."

Die mit aufkommender Dunkelheit einbrechende Nachtkälte macht sich bemerkbar. Ohne Aufmerksamkeit zu erregen, hat ein Juanito – auch ihn gibt es hier – ein Feuer im Kamin entzündet, das dünne Gezweige knackt, prasselt ein wenig. Isabel und Alfonso verabschieden sich, wünschen höflich eine Gute Nacht, zurück bleiben zwei im Wesen so unterschiedliche, so einander fremde Menschen, die nur eine heiße, trockene Wüste und eine bittere Nachtkälte hier in diesem tiefen Tal zusammenführen kann. Rosa stochert ein wenig im Feuer, hat noch ein Gläschen Wein aus eigener Ernte bereit, ein bisschen zu süß für Jorge, aber bevor das Gespräch nun wieder auf Kap Hoorn und die stürmische Überfahrt kommen könnte, beginnt Jorge, erzählt von seiner Jugend, dem wenigen, was er von seinen Eltern weiß, von Lauenburg, von der Lehre und der Tanzstunde in Lüneburg, von seiner Arbeit in Salzwedel bei Busse, den Berichten des Vetters über Chile. Er muss weit ausholen, auch kleinste Begebenheiten bis in die letzte Einzelheit erklären, denn, das stellt er sofort fest, hier herrscht allgemeine Unkenntnis über das, was außer den ganz großen politischen Ereignissen in der weiten Welt geschieht. Und alles das aufgenommen mit reichlicher Verspätung und noch empfunden aus der schmalen Sicht eines angeborenen Untertans der spanischen Krone, auch wenn diese hier längst nicht mehr das Sagen hat, jedoch eine jede Wahrnehmung im Sinn altspanischer Traditionen und Gefühle erfolgt.

„Nun sind aber Sie an der Reihe", Jorge, als gerade Zugereister hätte gern etwas mehr über das Tal und seine Bewohner gewusst. „Sie sind doch hier geboren, haben immer hier gelebt. Wie war denn das Leben hier?"

„Na ja, viel gibt es da nicht zu erzählen." Den Eindruck hatte Jorge eigentlich schon, aber vielleicht möchte Rosa noch nicht den großen Einblick in ihr Leben geben. „Ich bin hier geboren, da in der Kirche von *San Lorenzo* getauft worden, auch zu den Carmeliterinnen in die Schule gegangen und als ich zwanzig Jahre alt war, habe ich Narciso Ugarte geheiratet. Der war fünfundzwanzig Jahre älter als ich, aber eine große Auswahl hatte ich sowieso nicht, die gibt es hier nicht. Narciso war ein lieber Mann, viel unterwegs, betrieb Minen irgendwo oben in den Bergen, war manchmal lange weg. Ich habe mich hier um den Haushalt gekümmert, die *Chacra* versorgt, Klee und Wein verkauft und das getan, was hier alle Frauen tun müssen: Kinder kriegen und versorgen. Leider sind meine beiden ersten kleinen Jungen schon früh gestorben. Werden hier Kinder krank, gibt es meist keine Heilung. Es tut weh, wenn die Kleinen schon so jung gehen müssen. Früher, als es noch die *Inca*frauen gab, sah es besser aus, sie waren zwar auch fremd hier, aber sie kannten sich mit Krankheiten und Heilpflanzen aus. Die Spanier haben damit Schluss gemacht."

Jorge ist wieder einmal überrascht, ja entsetzt über das Vorgehen der spanischen *Conquistadores*. Es stimmt schon, die hat eben nur das Gold interessiert und wenn man dann auch gleich noch ein paar *Indios* zum Christentum bekehren konnte, desto besser. Krankheiten waren eine Strafe Gottes, gegen sie durfte es kein Mittel geben. Allerdings, wie verstanden es dann die Jesuiten, die doch für ihre Kenntnis der Heilpflanzen bekannt waren, *Boticas,* Apotheken einrichteten? War auch das ein Grund, den Orden der Jesuiten aus den spanischen Kolonien um die Mitte des 18. Jahrhunderts zu vertreiben? Viele Fragen, indes, hier möchte Jorge nicht krank werden, aber wer will das schon?

„Und wie sollte man nun vorgehen, wenn einer krank wurde?"

„Da sollte nur noch beten helfen."

Der norddeutsche Jorge Christian ist sich allerdings nicht sicher, ob beten allein bei Kinderkrankheiten helfen könnte, aber es ist wohl besser, jetzt seine Gastgeberin nicht zu unterbrechen.

„Ich bin römisch-katholisch erzogen worden und bleibe dieser meiner Kirche treu. Der Tod meiner Kinder hat nichts damit zu tun, das war ihr Schicksal. Ich bin sicher, dass sie den ihnen gebührenden Platz im Himmel gefunden haben."

Natürlich kann man diesem Wunsch nur zustimmen, Jorge bekräftigt es mit einem kräftigen Nicken, rückt auch noch ein wenig näher an seine Gastgeberin heran, nippt am Wein, macht sich ebenfalls am Herumstochern im Feuer nützlich. Kalt muss es jetzt draußen sein, förmlich spüren kann man die nächtliche Kälte. Sie klopft an, doch herein darf sie nicht.

Vielleicht möchte *Doña* Rosa jetzt das Thema beschließen, jedenfalls hat Jorge den Eindruck. Sie wird sachlicher, wenn auch nur im Ansatz.

„Das Ergebnis siehst Du ja, Entschuldigung, Sie, viele Zettel, das Vermögen meines Mannes, dazu was ich geerbt habe von meinem Vater und was ich verdiene hier mit der Landwirtschaft, macht genug Arbeit und mir auch Spaß. Jedenfalls beschwere ich mich nicht über mangelnde Beschäftigung."

Eine Pause tritt ein, unterbrochen vom Brechen des letzte Holzstückes im Kamin und dem abendlichen Konzert im Gebälk des Hauses, dem Knacken und Stöhnen. Zwei im Wesen fremde Menschen versunken in einem überquellenden grünen Tal tief unter dem Dach einer unendlichen, im grellen Sonnenglanz steinernen Einöde blicken in die Glut der zwischen weißgekalkten Steinen erlöschenden Flammen.

Jorge erhebt sich.

„Ich glaube, es ist Zeit zu gehen", Jorge hält auf Anstand. Also in Salzwedel wäre es undenkbar, ja unmöglich gewesen, noch so spät am Abend allein mit einer Dame in einem halbdunklen Zimmer zu sitzen. Ganz Salzwedel wäre empört, es sei denn, Hochzeitsglocken würden vorauseilend läuten. Er steht auf.

„Es war sehr schön bei Dir", unbewusst rutscht er aus dem steifen „Sie", dem *Usted,* in das hier sowieso allgemein gebräuchliche Du, sind ja alle verwandt oder verschwägert miteinander. Ihr dagegen lag das Du schon länger auf den Lippen.

„Aber ich muss jetzt gehen."

„Das kommt gar nicht in Frage, Juanito fährt Dich hin. Bei der Dunkelheit verläufst Du Dich nur und in der Kälte erfriest Du mir. Wer soll dann meine Buchhaltung in Ordnung bringen? Eine Erkältung von Dir kann ich nicht verantworten."

Jorge spürt, die Buchhaltung ist wieder einmal ein vorgeschobener Grund, eine Aufforderung zum Wiedersehen. Aber, warum denn nicht? Sie ist intelligent, lebhaft, ungefähr gleichaltrig, auch ein eingefleischter Junggeselle wie Jorge kann sich dem nicht entziehen.

Juanitos Karre knarrt, ruckelt, holpert über Stock und Stein, durchquert flache Wasserrinnen. Auch nachts muss bewässert werden. Eile ist hier nicht geboten, hier hat man Zeit.

Eine leise vor sich hin rußende Öllampe weist dem Gast den Eingang des Hauses der Familie Vernal. Unverschlossen, denn anders kennt man es im Tale nicht.

Auf der Suche
nach dem *weißen Gold*

Die Kälte der Nacht hat noch nicht Einzug in dieses Haus gefunden, ein wenig Wärme hält sich in seinen weißgekalkten Natursteinmauern. Wie schon gewohnt knarrt es im Gebälk, doch ist es nicht mehr allein das bekannte Geräusch einer jeden Nacht, das Jorge am Schlafe hindert. Wieder und wieder drängen sich ihm die Gedanken dieser ersten Tage hier im Tal auf, hinzu kommt das Erlebnis der letzten Stunden, das erste Gespräch mit einer Frau, deren Horizont weit die Enge dieser Schlucht zu sprengen scheint. Er, seit Jahren einem unbeschwerten Junggesellenleben hold, findet keine Erklärung für diesen plötzlichen Sinneswechsel, muss er sich doch eine jede Äußerung seiner Gastgeberin ins Gedächtnis zurückrufen, erkennt Antworten, ganze Sätze, die nie ausgesprochen wurden, die nun im Inneren erwachen, wach bleiben, wie dunkle Kräfte ans Licht streben. Das geht im Kopfe hin und her, diese Frau hier am Ende der Welt, in einer überquellenden Vegetation vergraben tief unter der unerbittlichen Wüste, die es zu durchqueren galt, um hierher zu gelangen. War es vor Tagen nur ein erster tiefgreifender Eindruck, den diese ewig grüne Oase hervorrief, so gesellt sich nun ein zweiter hinzu, ein Vulkan ausbrechender Gefühle, der gleichfalls tiefe Spuren hinterlässt, der nun wirklich endgültig den Georg Christian Hilliger aus Lauenburg in den Jorge Hilliger aus Tarapacá verwandeln soll.

Ein neuer Morgen graut, die nächtliche Kälte dringt nun auch in die Stuben des hinteren Hausteils. Es kommt die Stunde, in der Jorge gern das heimatliche Federbett gegen die hier im Tal üblichen Wolldecken tauschen möchte. Unten im Hof erkennt ein Hahn den anbrechenden Morgen, beginnt seine Pflicht zu erfüllen.

Wochen, nein Monate könnte Jorge hier so bleiben, warten, bis nach und nach die bestellten Bücher eintreffen, indessen provisorisch in Häusern Zettel sammeln, versuchen Einnahmen und Ausgaben auf einen Nenner zu bringen, Soll und Haben einzuführen und dabei gut zu essen und ebenso gut zu trinken. Erstaunt ist er über die Fülle der Natur, Wein, Obst und Gemüse können zum Teil mehrere Male im Jahr geerntet werden, grüne Wiesen nehmen die abgearbeiteten Pferde und Maultiere der Minen auf, entlassen sie nach zwei bis drei Monaten wieder neugestärkt zu harter Fron.

Doch das alles liegt nicht in seiner Natur. Er fragt die *Patrones*, wo dehnen sich noch nicht bearbeitete Salpeterfelder aus, wie wird dieses hellgraue Pulver abgebaut, welche Wege stehen zur Verfügung, kann über Iquique verschifft oder muss es nach Pisagua geschafft werden, was sind die amtlichen Vorschriften, Steuern, Behörden, sofern es überhaupt welche gibt? Nachts lauscht er dem Knacken und Stöhnen des Holzes im Bau, lässt tagsüber geführte Gespräche Revue passieren, Zahlen schwirren in seinem Kopf hin und her, er überlegt, wie man dieses und jenes verbessern könnte, beschließt schließlich nach vier oder fünf Wochen – und zahlreichen Gesprächen über Buchhaltungen mit begleitenden ausgiebigen Abendessen –, eine längere Reise dorthin zu wagen, wo schon Salpeter gefunden und abgebaut wird. Unterdessen ist sogar bis nach Tarapacá Kunde gelangt, dass ein

Italiener mit dem Namen Pedro Gambini eine neue Methode eingeführt habe, die den Abbau beschleunige, verbillige und es erlaube, auch Vorkommen mit niedrigerem Gehalt gewinnbringend abzubauen. Diese neue Methode soll von dem – so beschreibt man ihn hier – verrückten Engländer Mister Smith bereits in die Praxis umgesetzt worden sein.

Jorge beschließt, sofort nähere Erkundigungen über die Methode Gambini einzuholen und sich nach Herstellern der dafür benötigten Maschinen und Geräte zu erkundigen, das alles als Folge der großen Entfernungen und trägen Postverbindungen eine wahrlich zeitraubende Tätigkeit, besonders da er auf die nur gelegentlich anfallenden Botengänge zwischen Tarapacá und Iquique angewiesen ist. Aber so manches gerät ins Rollen.

Man spricht von Fördergebieten im Tal des Tiliviche, um Zapiga, doch neue große Lagerstellen liegen heute weiter südlich, in der Nähe der Oase *La Noria*, dort hat Mr. George Smith bereits Position bezogen, dort soll er schon die neue Methode des Italieners Gambini nutzen. Don Jorge gibt sich keinen Illusionen hin, es wird eine harte Reisetour werden. Er beschließt, die um *La Noria* liegenden Abbaugebiete zu besuchen. *Doña* Rosa, sie erfreut sich seit der *Fiesta* und der letzten „geschäftlichen" Besuche auf der *Chacra Chañar* häufiger Visiten des *Alemán*, wird wohl ein paar Wochen auf seine Anwesenheit, die ihr neben langen Gesprächen in den geographisch bedingten nun einmal kurzen Abenddämmerungen auch einen geschäftlichen Nutzen bedeuten, verzichten müssen.

Es wird eine harte Tour. Begleitet von landeskundigem Dienstpersonal und Führern beginnt der Ritt. Hinaus geht es aus der Geborgenheit des Tales, wieder durch eine menschenleere Einöde, die des Mittags vor Hitze glüht, deren Trockenheit den Gaumen verklebt und die Sprache verschlägt, aber nach Sonnenuntergang sich schlagartig in einen Eiskeller verwandelt. Gerade deshalb müssen die frühen Morgenstunden und die Abendkühle genutzt werden. Schattige Rastplätze für die Mittagshitze sind selten und nur Einheimischen bekannt.

Notgedrungen führt der Ritt von einer Wasserstelle zur nächsten, denn auch die mitgebrachten Reserven sind nicht unerschöpflich. Pozo Almonte soll am zweiten Tag erreicht werden. Dieser recht ergiebige Brunnen ist nur sechsundzwanzig Meter tief, er wird von einer Familie Almonte betrieben, die ihm auch den Namen gegeben hat. Allerdings erfreut sich die Umgebung dieses Brunnens leider keines guten Rufes, allerlei lichtscheues Gesindel pflegt sich in seiner Nähe herumzutreiben, lauert durstigen, unvorbereiteten Reisenden auf, die es auszuplündern gilt. So richtig hat Jorge Hilliger diese Gefahr anfangs gar nicht erkannt, wollte sie wohl auch gar nicht wahrnehmen, aber erst als der ihm aus dem Tal mitgegebene Reiseführer eine uralte Flinte aus dem Gepäck holt, wird ihm bewusst, welche neue Gefahr in der Wüste ihn erwartet.

„So etwas muss man dabei haben, hier treibt sich allerlei Gesindel herum."

Jorge Hilliger, der „Chef der Expedition", kann sich eines Grinsens nicht erwehren.

„Was, und mit diesem alten Schießgewehr wollen Sie die Räuber verjagen?"

Der Führer kann nur kurz auflachen.

„Ja, Don Jorge, diese Banditen sind ganz einfache, dumme Menschen. Sobald es knallt, rennen sie davon. Die haben es auf Reisende abgesehen, die sich ohne Kenntnis der Verhältnisse hier in die Wüste wagen, aber sobald sich einer wehrt, laufen sie so schnell sie können. Warten Sie nur ab!"

Genau so kommt es auch. Die Dämmerung naht, schon haben die Pferde und Maultiere die Nähe frischer Luzerne gewittert, da tauchen zwischen Felsgestein und Tamarugos zerlumpte Gestalten auf, versperren den Weg, schreien Unverständliches, machen unmissverständliche Gesten. Die Kolonne um Don Jorge rückt zusammen, offenbar haben die Dienstleute Erfahrung, jedenfalls zeigen sie keine übertriebene Angst. Der Führer hebt das Gewehr.

„Fort mit Euch, verdammtes Gesindel! Eins, zwei drei", er legt an, zielt auf die Gruppe, die vor ihm den Weg versperrt. Die weicht erschrocken zurück, offenbar hat man nicht mit Bewaffnung gerechnet. Ein donnernder Schuss gleich einer Feldhaubitze entlädt sich, die erschreckten Wegelager zerteilen sich, verlaufen sich fernab hinter felsartigem Gestein, das aus dem harten Boden ragt.

„Sehen Sie, Don Jorge, so macht man das. Wenn die wüssten, dass ich jetzt eine Viertelstunde brauche, um diese alte Kanone wieder aufzuladen, würden sie nicht so schnell laufen. Aber das wissen sie ja nicht."

Jorge Hilliger weiß nicht, ob er lachen oder weinen soll, vielleicht war die Lage doch ein wenig gefährlicher als sie aussah. Aber wer ist das, der sich hier auf dem Weg zum Brunnen Almonte herumtreibt und versucht, Reisende auszurauben?

„Was sind denn das für Menschen, hier mitten in der Wüste. Wovon leben sie?"

„Meist sind es Männer, die aus Chile oder Peru ausreißen mussten, weil sie etwas auf dem Kerbholz haben. Hier glauben sie sich fern jeder Polizei und jeden Richters. Arbeiten wollen sie nicht, sind es wohl auch nicht gewohnt. Dann rotten sie sich zusammen, warten auf den Wegen zu den Wasserstellen auf ahnungslose Reisende. Sie töten in der Regel nicht, ihnen ist nur an Essen, Wasser und Geld gelegen. Eine Polizei haben sie hier nicht zu fürchten, die gibt es nicht. Oft greifen die Betreiber der Salpeterminen zur Selbsthilfe und schießen einfach dazwischen. Vielleicht kann man es diesen armen Menschen auch nicht übelnehmen, in den Silberminen und Salpeterwerken werden sie erbarmungslos bis aufs Blut ausgebeutet. Sogar Pferde und Maultiere haben es da besser, die kommen nach einem halben Jahr zur Erholung in die Luzerne."

Hilligers Plan ist, neue Salpetervorkommen in dieser unendlichen Weite zwischen Küstenbergen, einem grauen Flachland und der Hochkordillere zu finden, sie provisorisch zu vermessen, um sie später als *Estaca* registrieren zu lassen oder kleinere, bereits bestehende, die noch keine Verpflichtung eingegangen sind, für seine Projekte zu gewinnen. Er redet, es mangelt ihm nicht an überzeugenden Worten, aber dennoch gestaltet sich das recht schwierig, verfügen doch diese einfachen Betreiber der *Paradas* nur über einen bescheidenen geistigen Horizont, meist können sie nicht einmal lesen und schreiben. Verträge kennen kein Papier, sie werden per Handschlag abgeschlossen.

Es gelingt ihm im *Canton de San Antonio*, die *Caliche-ros* der Vorkommen von *Aramal, Negreiros, Cala Cala, Santa Rosa* und *San Ignacio* von seinem Vorhaben zu überzeugen, allerdings muss er sich als Allererstes um die Modernisierung der Herstellungsverfahren kümmern, denn da liegt noch vieles im Argen. Wie man es besser machen könnte, kann er schon bei George Smith in *La Noria* beobachten, dort werden die Kessel nicht mehr durch *Yaretas* und abgeholzte Tamarugos direkt befeuert, sondern das besorgt eine mit Kohlen beheizte Dampfmaschine, die über Röhren die Kessel erhitzt, gleichzeitig auch das mühselige Zerkleinern der gewaltigen Calichebrocken, durch mit Dampfkraft betriebene Mahlwerke erleichtert. Nebenbei auch das ein Gedanke des Herrn Pedro Gambini. Ein langer Schlot, schwarzgelbe Rauchwolken ausstoßend, lässt schon von weitem erkennen, wo moderne Maschinen einen Teil der Muskelkraft geplagter Tagelöhner ersetzt haben.

Als eine andere noch schwer zu lösende Aufgabe soll sich der Transport des Salpeters zum Hafen von Iquique herausstellen. Das ist derzeit nur möglich auf Karren, die, in Maultierkarawanen zusammengezogen, im Wüstensand mühsam vorankommen, versinken und die wiederum ein Herr Matias Hidalgo anführt, welcher in Anbetracht der schwierigen Durchführung und seiner Monopolstellung entsprechende Preise seinen Dienstleistungen zugrunde legt. Auf dem Rückweg müssen Kohlen für die Heizung der Dampfkessel befördert werden.

Vierzehn schweißtreibende Tage dauert diese Rundreise, alles hoch zu Ross, recht ungewohnt für den norddeutschen Tiefländer, der mangels reittechnischer Erfahrung dann nachts auch noch mit Gelenkschmerzen zu kämpfen hat. Wasser und Lebensmittel waren auf Maultieren mitzuführen, die haben ihm die neuen Freunde aus der Schlucht von Tarapacá überlassen. Jedoch, kaum zurück und sogleich wieder in Iquique beginnt die Arbeit, Kapital muss beschafft werden, der Transport organisiert, die Maschinen für das System Gambini können nur in England oder in Deutschland gebaut und eingekauft, Kohlen aus den Gruben in Südchile herbeigebracht werden. Bis spät in die Nächte sitzt Jorge im Schein einer schwachen Petroleumlampe – in Iquique kann Lampenöl beschafft werden, aber diese Beleuchtung wird von ihm mit Recht als Funzel bezeichnet –, rechnet, wälzt Papiere, schreibt Briefe, gibt sich ein Programm. Vorwerk in Valparaíso wird angeschrieben, dort soll eine Verbindung zu den chilenischen Banken entstehen.

Zwischendurch und mit der Hoffnung, dass nur die Empfängerin Kenntnis davon erhält und das Geheimnis bewahrt – was in Tarapacá gänzlich unvorstellbar ist –, gehen private Briefe voller den einem kühl denkenden Kaufmann eigentlich fremden Gefühlsäußerungen an *Doña* Rosa im Tal des Tarapacá, bemüht sich Don Jorge auch auf diesem Gebiet seine zunehmende Beherrschung der spanischen Sprache unter Beweis zu stellen.

„Geliebte meiner Seele", pflegen diese Episteln auf von Stahr & Mex in Valparaíso bezogenem Leinen-Briefpapier zu beginnen.

Das Projekt schlägt ein

Das Projekt des *Alemán* schlägt ein, die chilenischen Banken, auch die englischen, vertrauen dem Projekt Hilliger, besonders da er nicht nur Kredit beantragt, sondern selbst sein geringes, jedoch im Gegensatz zu anderen Abenteurern eigenes Kapital riskiert. Maschinen und Kohlen können bestellt werden. Nun heißt es abwarten. Jorge, der beileibe nicht stillsitzen kann, nutzt die Tage und kümmert sich um die Buchhaltungen seiner Freunde in Iquique und Tarapacá, und dort, warum soll es nicht gesagt werden, ganz besonders um die der Witwe Rosa Vernal. Der Einblick in ihr Vermögen erregt weiter Staunen, dann Überraschung, trotz der beim ersten Besuch ermöglichten Einsichtnahme, es ist nämlich gewaltig, scheint zudem täglich zu wachsen. Das alles bedeutet natürlich auch für sie eine Menge Arbeit, dennoch findet *Doña* Rosa Zeit für ihre beiden Kinder, Tochter Isabel und Sohn Alfonso. Beide besuchen die von den Carmeliter-Nonnen eingerichtete Grundschule des im Tal befindlichen Klosters, jedoch viel mehr als lesen und schreiben und die vier Grundrechenarten kann ihnen von den frommen Schwestern nicht beigebracht werden, einmal ganz abgesehen von der obligaten Lektüre erbaulicher Schriften.

Die Zeit rauscht vorüber im Eiltempo. Der preußisch-österreichische Krieg und der russisch-türkische-britische Krimkrieg feuern die Nachfrage nach Chile-Salpeter an, man spürt das im fernen Iquique zwar erst nach Monaten, aber irgendwie dringt die Nachricht um den Erdball, steigen nämlich die Preise für den begehrten Rohstoff, wächst der Wunsch nach einer schnelleren Verbindung von Europa zur Pazifik-Küste des südamerikanischen Kontinents. Es sind wieder einmal die Engländer, denen es ihr Gespür, ihr sechster Sinn eingibt, ein Gespür, das sie in Jahren weltumfassender Kolonialpolitik erworben haben und das sie in die Lage versetzt, eine Notlage zu erkennen und dann sofort eine praktikable Lösung zu finden. In der Folge obliegt es ihnen, eine schnelle Post- und Reiseverbindung vom alten Kontinent zu den neuen Republiken am Pazifik über den Isthmus von Panama aufzubauen.

In Panama, an der schmalsten Stelle dieser Landbrücke zwischen Nord- und Südamerika, haben Amerikaner begonnen, die Schienen einer Eisenbahn von der Karibik, also dem Atlantik, zum Pazifischen Ozean zu verlegen. Stockend schreitet der Bau voran, noch fehlt vieles bis zu ihrer Fertigstellung. Manche Teilstrecken der Bahn können jedoch schon benutzt werden und sofort hat die britische *Royal Mail* hier eine Möglichkeit erkannt, eine durchgehende Postverbindung einzurichten. Dampfer der *Royal Mail* befördern Briefe und kleinere Sendungen von Liverpool nach Aspinwall, dem späteren Colon, von dort durchqueren diese mit Bahn und Kurieren den Isthmus zur Pazifik-Küste und weiter geht es mit einem Dampfer der *Pacific Steam Navigation Co.* bis zum weit im Süden fernen Valparaíso. Die Reedereien werden vertraglich verpflichtet, *Royal Mail* erteilt das *Postregal*, zahlt ein *Royalty* und schon benötigen Briefe von Altona nach Iquique – natürlich gegen ein Aufgeld für diese Express-beförderung – nur noch vier Wochen anstelle der bisher erforderlichen drei bis vier Monate.

Jorge Hilliger kann sich von dem Umweg über Valparaíso befreien, er tritt direkt in Verbindung mit seinen Geschäftspartnern in Hamburg und Bremen.

Neuigkeiten gibt es noch mehr im Jahr 1855 im langsam, sehr langsam emporstrebenden Iquique. Endlich wird der Hafen von der peruanischen Regierung zum *Puerto Mayor* erhoben, hängt also nicht mehr von den Behörden in Pisagua und Arica ab. Ein neues Zollhaus entsteht. Im gleichen Jahr eröffnet die *Panama Railroad* den durchgehenden Eisenbahnverkehr vom Pazifik zum Atlantik, die *Pacific Steam Navigation Co.* stellt neue, größere und auch schnellere Dampfer in Dienst. Der Personenverkehr kann nun mit den Bequemlichkeiten einer modernen Schiffsreise aufgenommen werden. Dampfer auf Reede vor Iquique werden nicht mehr zum Schauspiel erneuerungslüsternen Zuschauer, das sich im Zweiwochen-Abstand wiederholt, sind schon beinahe ein alltägliches Ereignis, allerdings und das gehört dazu, der hohe, kostspielige Kohlenverbrauch der neuen Dampfmaschinen sowie das Umladen in Panama erlauben nicht eine Befrachtung mit Massengütern, die bleibt den Segelschiffen vorbehalten. Fregatten und Briggs bleiben weiterhin angewiesen auf eine Umrundung des gefährlichen Kap Hoorn, denn widrige Winde verwehren den Seglern die Durchfahrt durch die Magellanstraße, bis auch hier die Findigkeit der Manager der *Pacific Steam Navigation Co.* eine Lösung findet: Segelschiffe werden von britischen Dampfschleppern „an den Haken" genommen, schleppen sie durch die Magellanstraße, umgehen das gefürchtete Kap Hoorn. Die von den Dampfern benötigten Kohlen findet man gleich in Gruben nahe des Hafens Punta Arenas, von den Briten *Sandy Point* genannt.

Die Entwicklung bringt es rasant schnell mit sich, das *Contor* von *Cevallos y Ugarte* in Iquique steht bald auf zwei Stützen, eine ist der sich mit gewaltigem Schwung belebende Export von Salpeter, die andere das Herbeischaffen von Kohlen und Lebensmitteln aus Zentralchile, denn, steigt die Produktion, so steigt auch die Nachfrage und die kann nicht mehr durch die vergleichsweise geringflächige Landwirtschaft der wenigen Oasen und dem Tarapacá-Tal befriedigt werden. Neue Lagerräume für Lebensmittel, Viehfutter und eine steigende Nachfrage nach Gebrauchsgütern eines höheren Lebensstandards wie Möbel aus Paris und London und Kleidung aus der Londoner Seville Row wachsen aus dem harten Boden.

Aber noch immer bereitet der Landtransport des Salpeters die größten Kopfschmerzen den Betreibern. Jorge Hilliger sieht sich dem Monopol der Familie Hidalgo ausgeliefert, dem zuvorzukommen versucht es der dem allgemeinen Vorurteil nach „verrückte" Engländer George Smith mit einer Seilbahn zur El Molle-Bucht, was leider bald kläglich scheitert. Hilliger dagegen sieht sich zunächst noch gezwungen, weiter maultiergezogene Karren zu beladen und nach Iquique rollen zu lassen.

Man sieht und hört, das Geschäft brummt. Dabei ist es kaum zu glauben, denn hat sich *Doña* Rosa Ugarte im Handel nicht nur als begabte Verwalterin eines gewaltigen Unternehmens erwiesen, so hat sie dennoch als typische *Atacameña* den sechsten Sinn eines in einer unendlichen Einsamkeit Aufgewachsenen nicht verloren. So wird erzählt, wer lang in einer Wüste lebt mit geringem Kontakt zur fernen Außenwelt, dem wird ein merkwürdiges Gespür schon bei der Geburt mitgegeben, bekommt ein Gefühl, ein angeborenes Gehör für Dinge, die sich „da draußen" zusammenbrauen, so als ob der ewige Wind nicht nur Sand, sondern auch Nachrichten über die Einöde fegt. Engländer werden es später einmal *„mug lug telegraph"* nennen, den Telegraphen, der über einem Becher Kaffee die letzten Neuigkeiten weiterträgt.

„Hast Du gehört, Jorge, es soll ein deutscher Ingenieur kommen, Gebäude für den Zoll, die Verwaltung und den Hafen, dann einen Weg nach Bolivien bauen. Auch von einer Eisenbahn ist die Rede. Er heißt Hugo Reck, hast Du von ihm gehört?"

Dem Lauenburger Jorge Hilliger geht das Gespür des eingeborenen Wüstenbewohners noch ab, aber eine Eisenbahn zu den Salpetergebieten käme ihm wohl zurecht. Gemeinsam mit den unabhängigen Unternehmern Carlos Lafrentz und Antonio Rosas kann er im Jahr 1859 mehr als zwanzigtausend Tonnen Salpeter nach Europa verschiffen, eine vor wenigen Jahren noch unvorstellbare Menge, wobei der größte Teil immer noch über Valparaíso in Chile abgewickelt werden muss. Nach einer Reihe von Vorfühlbesuchen und Gesprächen hat sich seit kurzem auch noch der Besitzer einer Zuckerrohrfarm, der gebürtige Bremer Kaufmann Juan Gildemeister aus Lima in Peru, zu den Salpeterhändlern gesellt, als sein Vertreter agiert in Iquique ein Herr Fernando Corssen. Sein Auftrag ist, seinen Auftraggeber in Callao mit dem für den Zuckeranbau notwendigen Düngemittel Salpeter zu beliefern, den Überschuss soll er nach Bremen exportieren.

144

In Iquique teilt man allerdings erst einmal die Meinung, „lass doch andere die mühselige Arbeit des Abbaus in der Hitze tun, wir verdienen am Handel, vielleicht später gehen wir dann auch in die Wüste, aber jetzt noch nicht". Ganz in diesem Sinne finanziert Jorge Hilliger die *Oficinas Independencia* und *Cala Cala* des Fuhrunternehmers Matías Hidalgo, er besorgt das Geld und betreibt den Export, mit der harten Arbeit unter der prallen Sonne sollen sich gefälligst andere abplagen.

Was auch immer Jorge Hilliger anfässt, entwickelt sich rasch zum Erfolg. Eine hanseatische Ausbildung zum *approbierten* Kaufmann zeigt eben auch in einer fernen, glutheißen Wüste ihren praktischen Nutzen.

Peru kennt in jenen Jahren keine politische Ruhe, revolutionäre Weltverbesserer drücken sich in den Jahren 1858 bis 1867 ganze achtmal die Klinken des Präsidentenpalais, des *Palacio de Pizarro*, in Lima in die Hände. Zeitweise wird der Hafen Iquique von Revoluzzern blockiert, eine aufwendige Verladung über Pisagua ist die Folge, die Preise das Salpeters im Welthandel steigen, die Gewinne müssten auch steigen, wenn eine unstabile Landespolitik nicht hemmend wirken würde. In Iquique hat man obendrein noch andere Sorgen. Eine Gelbfieber-Epidemie ist ausgebrochen, greift um sich, was bei den überaus schlechten hygienischen Verhältnissen kein Wunder ist, führt zudem noch zu einer von der chilenischen Regierung verhängten Quarantäne aller aus Iquique einlaufenden Schiffe im Hafen von Valparaíso. Abfälle werden in Iquique geradezu auf die Straße geworfen, eine saubere Wasserleitung kommt stockend erst 1860 in Betrieb. Die Peruaner schieben der chilenischen *Chicha* die Schuld in die Schuhe, einem alkoholischen Getränk, das oft in verdorbenem, überfermentiertem Zustand in Iquique eintrifft, jedoch trotz allem von Hafen- und Salpeterarbeitern mit Lust in Mengen genossen wird. Noch gibt es weder einen Arzt noch eine andere gesundheitliche Betreuung in der Provinz, man verlässt sich auf die Carmeliter-Nonnen im Tarapacá-Tal, bis endlich, im August 1859, der von der peruanischen Regierung in Lima entsandte britische Arzt Dr. Federico Bokenham eintrifft. Mit seinem Gepäck erreicht eine große Kiste voller Medikamente die Hafenstadt.

Es ist verständlich, dass Dr. Bokenham bald neben seiner Dienstwohnung im unschönen, unsauberen Iquique auch ein Häuschen im schönen Tarapacá-Tal bezieht, von hier kann er sowohl Iquique als auch Pisagua regelmäßig besuchen. Als Junggeselle eingetroffen darf er sich bald einer erlesenen Aufmerksamkeit der wohlsituierten Töchter des Tals erfreuen.

In das Salpetergeschäft kommt mehr und mehr Bewegung. Bemessen werden die verladenen Mengen in alten spanischen Zentnern – *Quintales* – zu je sechsundvierzig Kilogramm, wobei den chinesischen Kulis jeweils drei *Quintales* aufgebürdet werden. Bald klagen Hamburger Hafenarbeiter und die Last pro Arbeiter muss auf zwei *Quintales* ermäßigt werden, wovon dann auch die Kulis profitieren.

Eine Hochzeit
im Lauenburgischen

Das Jahr 1860 bringt nicht nur der Stadt Iquique große
Neuigkeiten, etwas mehr Ordnung in die Verwaltung,
sondern auch in das Leben des Lauenburger Bürgers
Johanngeorg Christian Hilliger, jetzt Jorge Hilliger
aus Iquique. Gerade fünfunddreißig Jahre alt bittet er
um die Hand der achtunddreißigjährigen Witwe Rosa
Vernal Carpio, verwitwete Ugarte, und löst damit im
Tarapacá-Tal den Kommentar aus: „Das wurde ja langsam Zeit", denn schon lange weiß man um die häufi-
gen Besuche des Don Jorge im Hause der Witwe, kennt
man – trotz verabredeter Geheimhaltung – die leiden-
schaftlichen hin- und hergehenden Botschaften. Die
Kinder Isabel, jetzt achtzehn Jahre alt, und Alfonso, er
zählt inzwischen dreizehn Lenze, haben ihn sowieso
längst als Hausherrn anerkannt. Bleibt der emporstei-
gende Salpeterexporteur mal allein in Iquique zurück,
bietet sich ihm Gelegenheit, seine Liebe zu *Doña* Rosa
weiterhin durch faszinierende Briefe unter Beweis zu
stellen, was erstens seine verbesserten Kenntnisse der
spanischen Sprache deutlich erkennen, zweitens in ihrer Wortwohl wohl kaum Zweifel an seinen Gefühlen
lassen. Wohl selten sind in einer trostlosen und erbarmungslosen Einöde so lebhafte und dennoch zärtliche
Worte gefunden worden, wie sie der junge Mann aus
Lauenburg zu Papier bringt.

Es kommt noch zu einer zweiten Überraschung. Jorge
Hilliger möchte seine Braut in seine Heimat, das Herzogtum Lauenburg, entführen und dort ihr das Jawort geben:

„*Rosa querida*, was hältst Du davon? Wir fahren mit der neuen Dampferverbindung über Panama und Liverpool nach Hamburg. Dort kann ich meine Geschäftsfreunde besuchen, Du lernst meine alte Heimat kennen, meine neue ist jetzt hier in Tarapacá, wir heiraten in einer der schönen alten Kirchen, die es dort gibt."

Rosa Vernal scheint anfangs nicht besonders überwältigt zu sein, als eine streng im römisch-katholischen Glauben großgewordene Frau, die es auch in der Ausübung des Glaubens immer recht genau genommen hat, denn in der Abgelegenheit der Wüste kommen andere, unter Umständen sogar ketzerische Gedanken gar nicht erst auf, willigt schließlich ein. Die Aussicht auf eine große Reise ist für diese lebenslustige Frau, die nur wenige Male in ihrem Leben aus der Einöde herausgekommen ist – damals mit ihrem verstorbenem Mann Narciso Ugarte nach Callao und Lima – doch zu attraktiv, als dass sie überhaupt Nein sagen möchte.

Man beschließt, die Reise Anfang Mai 1860 anzutreten, selbstverständlich in der ersten Klasse, eine solche führen jetzt die britischen Dampfer, so wie es sich für Hochseeschiffe der Weltklasse gehört.

Ehrlich gesagt, einmal ganz abgesehen von den kulturellen und anderen Darbietungen, welche Großstädte wie Hamburg und Bremen nun einmal aufweisen, gefällt es der Dame aus Tarapacá nicht über Maßen im Norden des Norddeutschen Bundes. Es ist eben anders als jene langsam verblassende Erinnerung an Besuche in Lima vor vielen Jahren. Die Enge der Städte, die übervölkerten Straßen, das Gedränge sind ihr ungewohnt, das nasskalte Klima des deutschen Frühlings, obwohl gerade das Frühjahr 1860 als besonders milde in den Annalen verzeichnet ist. Hinzu kommt ihre Unkenntnis der deutschen Sprache, wie auch jeder anderen Sprache außer der spanischen, das macht sie unsicher in den vielen gesellschaftlichen Veranstaltungen, die dem neuen Paar geboten werden.

Die Hochzeit findet dann in der evangelisch-lutherischen Kirche zu Lütau bei Lauenburg am 15. Juli 1860 statt. Jetzt darf sich Rosa Vernal endlich Rosa Hilliger nennen, obwohl sie nach der alten spanischen Tradition, die die Staaten Südamerikas übernommen haben, ihren Geburtsnamen nicht verliert. Auf peruanischen und chilenischen Ämtern wird sie weiterhin als Rosa Vernal Carpio geführt, dem sie ein „de Hilliger" hinzufügen kann, aber nicht unbedingt muss.

Wie kommt es nun gerade zur Hochzeit in dem kleinen, abgelegen Lütau und nicht Lauenburg, dem Stammsitz der Familie Hilliger? Da mag wohl die Geschichte ein wenig mitgespielt haben, war doch der mutmaßliche Vater des Ehegatten, Johann Christian Hilliger, einst Lehrling und ansässig in der Bäckerei Basedau zu Lütau gewesen, bevor er zum Dienst in der *Deutschen Legion* der britischen Armee zum Kampf gegen Napoleons Besatzungstruppen eingezogen wurde. Zudem können die zahlreichen Mitglieder der Sippschaft Hilliger leicht das nur anderthalb Meilen entfernte Dörfchen Lütau erreichen, dessen den Heiligen Dionysius und Jacobus geweihte Gemeindekirche gerade erst in einen spätklassischen Neubau verwandelt wurde. Alles in allem ein würdiges Ereignis, dem auch die Vorstände der Einrichtungen und *Hülfsvereine* beiwohnen, denen Jorge Hilliger durch großzügige Spenden den Kassenstand verbessert. Kann der frischgebackene Ehemann zwar jetzt auf ein stattliches Konto bei J. Schroder's Bank in London blicken, so hat er doch die schweren Jahre seiner Jugend und die Not der Nachkriegsjahre nach der napoleonischen Besatzung nicht vergessen.

Nicht fehlen darf zum Abschluss ein Besuch bei alten Freunden in der preußischen Garnisonsstadt Salzwedel und der in ihr beheimateten Freimaurerloge „Johannes zum Wohle der Menschheit". Ihr bleibt Jorge Hilliger bis zu seinem Tode treu.

Zurück in Iquique Anfang des Jahres 1861 wird die Hochzeit natürlich in Tarapacá nachgefeiert. Pater Gilberto kann noch eine kleine Zeremonie vollziehen und die Namen landesüblich dem Codex entsprechend festlegen, was bei *Doña* Rosa keine Schwierigkeiten verursacht, bei dem Deutschen Jorge Christian Hilliger jedoch zur endgültigen Legalisierung seines Vornamens Jorge führt. Noch gibt es keine Standesämter, weder in Peru noch in Chile noch sind die bei kirchlichen Tauf- oder Hochzeits-Zeremonien festgeschriebenen Namen allein gesetzlich gültig.

Es erübrigt sich wohl, die Hochzeitsfeierlichkeiten in allen Einzelheiten näher zu beschreiben, die das ganze Tal in Anspruch nehmen, Klein und Groß, Reich und Arm eingeschlossen, zählt *Doña* Rosa doch zu den Honoratioren, während Don Jorge sich mithilfe seiner kaufmännischen Kenntnisse schnell die Freundschaft aller Bewohner erworben hat. Erwähnenswert ist allerdings dabei, dass alte indianische Bräuche in die mehrere Tage währende Feier einbezogen werden, haben doch schon die spanischen *Conquistadores* verstanden, Tänze und Kleidung der *Aymará* und *Chipayas*, vermischt mit inkaischem Gedankengut, das ja erst kurz vor der Kolonisation von den Urbewohnern übernommen werden musste, in die Riten der christlich-katholischen Religions-Ausübung einzugliedern. So hatte man es allen recht getan, biblische Heiligenfiguren aus Stein, Gips oder Holz in altindianische Trachten zu kleiden und dergestalt bewundern zu lassen.

Goldfinch & Bluhm, Hörsaal der jungen Generationen

Dem frischverheirateten Ehemann wird in Zukunft die Aufgabe zufallen, die Familienunternehmen Hilliger-Vernal nicht nur mit Erfolg weiterzuführen, sondern zu vergrößern. Andererseits hat aber auch Mutter Rosa längst eingesehen, dass für eine erfolgreiche und moderne Geschäftsführung nicht nur Geschick und Erfahrung, sondern ebenso solide buchhalterische und kaufmännische Kenntnisse unerlässlich sind und demzufolge beschließt der Familienrat, Alfonso im kommenden Jahr zur Ausbildung nach Valparaíso zu schicken, dort, wo ihm, dem Sohn aus dem renommierten Hause *Ceballos y Ugarte* aus Iquique, die Türen der wichtigsten Handelshäuser offen stehen, selbstverständlich auch die des angesehenen *Instituto Sudamericano* der Herren Goldfinch & Blühm, wohl das beste Erziehungsinstitut der Westküste Südamerikas im 19. Jahrhundert. Politiker, Unternehmer und Staatspräsidenten haben in ihrer Jugend das Internat besucht, in ihm findet Alfonso sogar Gelegenheit, die Bekanntschaft und Freundschaft des späteren peruanischen Staatspräsidenten Guillermo Billinghurst zu machen.

Leider herrscht hier unter den chilenischen Studenten eine herablassende Diskriminierung ihrer peruanischen Kommilitonen, was Jahre später unangenehme Folgen tragen soll. Kommen die chilenischen Absolventen des Institutes nämlich aus den besten Schulen der Hauptstadt Santiago oder des weltoffenen Hafens Valparaíso, aus dem *Instituto Nacional* oder den *Padres Franceses,* bringen demzufolge nicht nur eine solide Grundausbildung mit, sondern auch eine höhere Schulbildung, in der Mathematik, Fremdsprachen und sogar Latein Pflicht sind, so können die ausländischen Studenten aus Peru und Bolivien höchstens gerade lesen, schreiben und ein wenig rechnen, denn eine geregelte Schulbildung – und die recht primitiv – soll es in Iquique erst ab 1867 geben. Peruanische und bolivianische Studenten, sie stellen zeitweise die Hälfte der Internatszöglinge, werden von ihren chilenischen Kommilitonen diskriminiert, gehänselt, als „Indianer aus der Wüste" beschimpft und bei jeder Art von Veranstaltungen benachteiligt, bloßgestellt, was dann später im sogenannten Salpeterkrieg üble Folgen zeigen wird.

Bemerkenswert oder vielleicht besser gesagt bedauernswert, denn es soll unerfreuliche Folgen nach sich ziehen, ist ein Vorfall im Internat, als im Jahre 1866 aus Anlass des extrem langen Aufenthaltes des peruanischen Panzerschiffes *Huáscar* auf der Durchreise von England nach Callao – bedingt durch Streiks und Desertationen – den peruanischen Mitstudenten tote Hühner ins Bett gelegt werden, wohl auch im Hinblick auf die an Bord des Kriegsschiffes sich wiederholenden und allgemein bekannten Disziplinarvergehen. Es ist dem Verwaltungsleiter des Instituts Theodor Blühm zu danken, dass dieser Zwischenfall im Internat nicht in Gewalttaten ausartet.

Vielleicht müssen wir Herrn Theodor Blühm auch noch anderweitig dankbar sein. Jedenfalls ist ihm zuzuschreiben, dass Alfonso Ugarte im Jahre 1864 beginnt, an der erst kürzlich entstandenen Deutschen Schule zu Valparaíso die deutsche Sprache zu erlernen, deren Bedeutung im Salpetergeschäft ihm wohl bekannt sein durfte. In den folgenden Jahren gehören die Bücher von Heine, Schiller und Goethe zu seinen ständigen Begleitern.

Nun darf man heute nicht denken, Jorge Hilliger habe seinerzeit arm in die Familie Ugarte Vernal eingeheiratet. Nein, keinesfalls, absichtlich hat er gewartet, bis auch er mit einem bescheidenen Kapital von sechzehntausend Pesos chilenischer Währung, das waren damals an die fünfzigtausend Goldmark, und der gesamten Hauseinrichtung in Iquique beitragen kann, denn so viel hat ihm das Salpetergeschäft bis dato eingebracht, immerhin für ihn und alle ein beruhigendes Gefühl.

Vielleicht ist es jetzt an der Zeit, ein paar Erklärungen zu den Währungsverhältnissen der alten spanischen Kolonien und deren Nachfolger an der Pazifik-Küste einzuflechten, auch wenn jetzt der Eindruck einer Wiederholung entstehen könnte. In Zeiten der spanischen Kolonialherrschaft galt, wie schon erklärt, auch die spanische Währung, der Real, in den Überseegebieten. Nachdem die

Länder ihre Unabhängigkeit errungen hatten und zuvor schon Münzanstalten in beinahe allen *Partidas* und *Gobernaciones* von der spanischen Kolonialverwaltung eingerichtet worden waren, änderte man ganz einfach die Prägung, das Konterfei der Könige Carlos III und Carlos IV wurde durch andere Symbole ersetzt, die neue Währung hieß nun Peso. Nur Peru behielt den alten Namen Real, Silbergehalt und Unterteilungen dagegen blieben bestehen. Auf diese Weise erlebt Südamerika über Jahre – ganz unbeabsichtigt – eine Währungseinheit, ein peruanischer Real ist gleich einem chilenischen oder einem bolivianischen Peso, werden auch im Außenhandel gleichwertig angenommen, bis im letzten Viertel des 19. Jahrhunderts die Regierungen beginnen, allen voran Bolivien, am Silbergehalt zu schwindeln, der *Peso Feble* entsteht, wird mit vierzig Prozent Abschlag bewertet.

Nun, nicht nur seit seiner Heirat gehört Don Jorge zur besseren Gesellschaft der Provinz Tarapacá. Man fragt ihn, man rechnet mit ihm. In einem Beitrag in der Zeitung *El Comercio* von Lima verlangt er bessere Verkehrsverhältnisse für die Provinz Tarapacá, schlägt eine Eisenbahn von Iquique zu den wichtigsten Abbaugebieten vor, meldet sich auch bei anderen Vorhaben zu Wort. Die Umstellung der alten Salpeterfelder von der überfälligen, menschenschindenden Methode der *Paradas* zu dem neuen System der *Oficinas* und weiter zur *Shank*-Methode, schreitet rasch voran, Don Jorge verkauft den Betreibern Dampfmaschinen, Kessel und Trockenanlagen, dazu auch gleich die Kohlen für die Feuerung, nimmt ganze *Salpeter-Oficinas* in Bezahlung, modernisiert sie, kümmert sich um den Absatz und verkauft sie weiter.

Nichts tut dem Geschäft besser als Ruhe im Lande. Das kann man auch in Iquique feststellen, die Wirtschaft blüht, sechs neue Verladeanlagen werden den Salpeterhändlern übergeben, die Bevölkerung der Provinz wächst rasant auf siebzehntausend Seelen, allerdings leider nicht immer den saubersten und besten. Allerlei Gesindel schwemmt der Boom an die Küste, die Salpeterabbauer nutzen die Gelegenheit und stellen diese zu ausgesprochen menschenunwürdigen Bedingungen ein, worunter natürlich auch die leiden, die mit ehrlicher Gesinnung hier Arbeit suchen. In aller Eile werden neue Salpetergebiete erschlossen, die *Estacas* – ein *claim* von ungefähr eintausend mal eintausend Metern – bei den peruanischen Behörden eingeschrieben und sofort beginnt der Abbau, ohne dass zuvor die geringsten Vorkehrungen für die Unterbringung, Verpflegung und schon gar nicht für die Sicherheit der Arbeiter getroffen werden. Um das Maß einer gewissenlosen Ausbeutung vollzumachen, gehen manche Unternehmer dazu über, ihre Arbeiter nicht in Geld, sondern in betriebseigenem Papiergeld oder Münzen *(fichas)* zu entlohnen, die diese wiederum nur in ebenfalls betriebseigenen Kramläden *(pulperias)* gegen Waren des täglichen Bedarfs zu überhöhten Preisen umsetzen können, also in der Praxis am Monatsende ohne einen Peso nach Hause kommen.

Es dauert auch nicht lang, soziale Unruhen treten auf, Arbeiter besetzen Salpeterfelder und Bergwerke, brennen Häuser und Lagerschuppen nieder. Die Salpeterabbauer nehmen mehr als zugelassen oder überhaupt notwendig die Justiz in ihre eigenen Hände, es kommt zu gewalttätigen Unruhen, Streiks und sogar

Schießereien. An manchen Tagen und ganzen Wochen legen rebellierende Arbeiter die Stadt regelrecht lahm, untätig dümpeln auf See die wartenden Salpetersegler.

Vom Vetter Wilhelm in Santiago hat Jorge seit dessen Begrüßung im Hafen Valparaíso und den wenigen darauffolgenden Tagen kaum etwas vernommen. Der Vetter hatte sich damals nicht gerade sehr auskunftsfreudig gezeigt, abgesehen von ein paar auf wackligen Füßen stehenden Zukunftsplänen. Aus Lauenburger Zeit erinnert Jorge, dass dieser im Jahre 1853 die Hamburger *Deern* Elisabeth Mestern geehelicht hatte, aber kurz darauf wieder nach Chile abgereist sei. Ehefrau Elisabeth war auf Segler *Melissa* nachgekommen. Kinder gäbe es auch schon, darunter sind Jorge aber nur zwei namentlich bekannt, nämlich Guillermo und Renata, allerdings sollen es mehr sein. Den wenigen Nachrichten nach zu urteilen scheint der Vetter finanziell nicht auf Rosen gebettet zu liegen, das Projekt Rosario ist wohl nicht gelungen.

Erdbeben, Unwetter, Epidemien, ständige Begleiter einer Stadt aus dem Nichts

Was im fernen chilenischen Santiago geschieht, schert wenig im peruanischen Iquique. Wichtig ist dagegen, dass am 21. Februar 1863 Tochter Luisa in Iquique das Licht der Welt erblickt, wird freudig begrüßt, auch von der ersten Tochter der *Señora* Rosa, der nunmehr einundzwanzigjährigen Isabel, die sich vom ersten Tag an herzlich um die neue Halbschwester bemüht, was, Gott sei gedankt und vielleicht auch mangels einer eigenen Familie, ein ganzes Leben währen wird. Nur Jorge ist nicht sehr erfreut über das, was sich vor der Geburt seiner Tochter bei ihm meldet, so haben sich doch bei ihm hin und wieder ein Geschwür, eine Schwellung der Leistendrüsen gezeigt, aber da diese Symptome schmerzlos vorübergingen, hat er ihnen bislang geringe Beachtung gezeigt. Jetzt befürchtet er allerdings, dass sich die gefürchtete Krankheit in irgendeiner Form auf die Tochter übertragen könnte, denn Dr. Bokenham hatte schon vor Wochen gewarnt:

„Na, da haben Sie es wohl ein bisschen toll getrieben während Ihres Aufenthaltes in Valparaíso. Soll dort allerhand los sein, habe ich gehört. Was Sie haben ist die Französische Krankheit, da helfen zur Zeit nur Schwefel- und Jodbäder, eine totale Heilung gibt es nicht. Wir müssen abwarten, ob sich da nicht etwas auf die Tochter übertragen haben könnte."

Jorge fällt der Besuch bei Tante Olga in Valparaíso ein, wie mag es inzwischen Micaela ergangen sein? Ja, wenn, dann muss es da passiert sein. Hatte Dr. Piderit nicht immer wieder vor den Gefahren eines Besuches in gewissen Häusern gewarnt? Schwefel- und Jodbäder kann man hier haben, es genügt manchmal nur ein Loch im Boden am Fuße einer der Vulkane, deren schneebedeckte Gipfel die Berge jenseits der *Quebrada de Tarapacá* in Richtung Bolivien krönen und solange es keine Schmerzen bereitet, misst Jorge – leider – alldem keine große Bedeutung bei. Nur die Gesundheit der Tochter bereitet ihm Kopfzerbrechen, hoffentlich geht da alles gut, bleibt nichts zurück.

Ansonsten läuft das Geschäft in Iquique blendend. Da, nach Jahren des Schweigens, überraschend meldet sich Vetter Wilhelm, schreibt, dass er nun wirklich pleite sei, das heißt so genau beschreibt er es natürlich nicht, er nennt es „insolvent geraten", bittet um ein kleines Darlehen. Das Grundstück in Rosario musste liquidiert werden, das Inventar wurde über ein Inserat in der Tageszeitung *El Ferrocarril* vom 11. Mai 1864 zum Verkauf ausgeschrieben. Jetzt sei er arbeitslos, der Familie drohe der Hungertod. Jorge gibt Vorwerk in Valparaíso Anweisung, einen nach seiner Ansicht ausreichenden Betrag der Familie auszuzahlen, antwortet dem Vetter, er solle nach Iquique kommen, hier im Salpetergeschäft gäbe es Arbeit und genug zu tun. Er depeschiert, so nennt man es nämlich in diesen neuen Zeiten:

„Komme sofort nach Iquique, hier gibt es Arbeit. Wohnung bei mir. Ich sorge für Familie."

Vetter Wilhelm kommt natürlich so schnell er kann, hat Glück, denn sein Dampfer ist der letzte, der vor der spanischen Blockade des Hafens Iquique gerade noch seine Passagiere absetzen kann. Das Königreich Spanien möchte gern wieder eine Kolonialmacht sein, hat seinen ehemaligen Kolonien den Krieg erklärt, sogar eine der Guano-Inseln der Republik Peru besetzt, spanische Kriegsschiffe blockieren den Hafen Iquique für ein paar Tage im Jahre 1865, schießen sogar die eine oder andere Salve ab, verschwinden dann aber so schnell wie sie gekommen sind nach Valparaíso, wo sie mit ihren Geschossen größeren Schaden anrichten. Zwistigkeiten im Regierungspalast in Madrid beenden das kurzfristige neue südamerikanische Abenteuer, die spanischen Kriegsschiffe haben plötzlich Eile, nach Hause zu kommen.

Trotz solcher unangenehmen Überraschungen, das Geschäft belebt sich weiter, der preußisch-österreichische Krieg im Jahre 1866 bringt neuen Bedarf an Salpeter.

Ein paar Jahre hat es Ruhe gegeben, aber zu aller Schrecken meldet sich in Iquique das Gelbfieber wieder. Dr. Federico Bokenham reitet und läuft herum, impft, sofern man überhaupt geimpft werden will und sich nicht sträubt – kirchliche katholische Instanzen warnen vor einer Impfung, denn nach ihrer Auffassung sind Krankheiten noch immer Gottesstrafen, in die nicht hineingepfuscht werden darf –, versucht drastische Maßnahmen im Gesundheitswesen einzuführen, schreckt auch vor Hausdurchsuchungen nach Krankheitsherden nicht zurück. Er weiß, nur Sauberkeit kann helfen, aber gerade daran mangelt es. So mancher bringt kein Verständnis auf für den Sauberkeitswahn des *Doctor inglés*, ist es doch bisher auch ohne die lästige Putzerei ganz gut gegangen.

Aber es kommt noch schlimmer, ein neues Naturereignis trifft die Stadt. Nichts kann sogar ein approbierter Arzt gegen den völlig ungewohnten, unerwarteten Gewitterregen machen, der am 27. August 1867 Iquique überfällt, der Häuser, alle ohne regenfeste Dächer, durchnässt, Lehmwände aufweicht und zerstört, Straßen überflutet, Hab und Gut davonschwemmt, unter freiem Himmel in Jutesäcken gelagertes Salpeter verdirbt. Natürlich hat das Volk sofort eine Erklärung zur Hand für die danach mit verstärkter Wucht aufkommende Gelbfieber-Epidemie, denn wider besseren Wissens kursiert das Gerücht, daran trüge das Gewitter die Schuld. Dagegen jedoch können auch die besten Argumente eines Dr. Bokenham nichts ausrichten, ist doch die wirkliche Ursache für das Fieber in jenen Tagen noch unbekannt. Heute dagegen wissen wir, indirekt trägt doch das Gewitter die Schuld, bei der warmen Witterung kann in den zurückbleibenden Pfützen die das Gelbfieber übertragende Aedes-Mücke besonders gut und schnell gedeihen.

Aber sogar ein solches Unwetter vermag nicht ein neues, ganz anderes Fieber zu bremsen, das Salpeter-Fieber, das nunmehr mit voller Kraft über Südperu hereinbricht. Aus aller Welt, besonders England und den deutschen Landen, aber auch aus Chile und ein wenig aus Peru, reisen gewinnwitternde Unternehmer ein, die an der Ausbeute des *weißen Goldes* teilhaben wollen, ohne Rücksicht auf Hygiene, gesunde Unterkünfte für Arbeiter und deren Familien. Jorge Hilliger baut Dampfmaschinen und Trockenanlagen für die Betreiber, verkauft Salpeter in Europa und Australien, Kohlen und Lebensmittel in Iquique. Ganz langsam kommt endlich auch der Bau einer Eisenbahn von Iquique nach *La Noria* in Bewegung, die Überwindung der steilen und harten Küstenberge kostet die Ingenieure des peruanischen Unternehmens *Montero* Erfindungsgeist, viel Muskelkraft und leider auch das Leben vieler der am Bau beschäftigten chinesischen Kulis. Im Hafen gehen sieben neue Kondensationsanlagen in Betrieb, sie sollen Meerwasser in das stets knappe Trinkwasser verwandeln.

Kaum nimmt Iquique derart Gestalt und Geometrie einer Stadt an, da trifft der nächste Schlag Stadt und Hafen. Fast genau auf den Jahrestag des Unwetters vom Vorjahr, nämlich am 13. August 1868, erschüttert ein

Erdbeben mit nachfolgendem Tsunami die immer noch auf recht unsicheren Füßen stehenden Gebäude und richtet gewaltige Zerstörungen an. 153 Tote muss Iquique zählen, unter ihnen der einzige praktizierende Arzt der Provinz, Dr. Bokenham, ihn trifft eine herabstürzende Mauer als er, gerade von den Salpeterfeldern hereinkommend, in die Stadt einreitet. Eine ärztliche Betreuung fällt nun vorläufig wieder aus, zudem hinterlässt Dr. Bokenham seine Frau und mehrere Kinder, unter ihnen den ältesten Sohn, nach seinem Vater ebenfalls Federico benannt. Er soll später, um die Jahrhundertwende, eine nicht unbedeutende Rolle im Leben der Familie Hilliger-Vernal, der Hafenstadt und des Salpeterabbaus spielen.

Als ob Unwetter und Erdbeben nicht genug Unheil anrichten könnten, kommt nun noch die Sorge um Vetter Wilhelm hinzu. Nach der „Insolvenz", die Jorge eine gehörige Stange Geld gekostet hat, in der Hauptsache zum Zweck, den Namen Hilliger nicht in Verruf geraten zu lassen, hat diesen auch das in Iquique nie ganz überwundene Gelbfieber gepackt. Er stirbt am 4. Januar 1869 im Hause seines Vetters Jorge, wird im kürzlich eingerichteten Friedhof No. 1 zu Iquique begraben. In Santiago hinterlässt er seine Frau Elisabeth, jetzt entsprechend der chilenischen Vorschrift Isabel genannt, geborene Mestern, mit fünf Kindern. Jorge sieht sich veranlasst, der Familie finanziell beizustehen.

Rundum die Welt schreit nach Salpeter. Zwar kommt der staatlich verordnete Wiederaufbau nach Überschwemmung und Erdbeben der Vorjahre nur schleppend in Gang, aber jetzt leisten private Unternehmer Pionierarbeit, von denen hier nur die mitteleuropäischen, das heißt vorzugsweise deutschen oder solche aus der k. u. k.-Monarchie genannt werden, denn ein Deutsches Reich gibt es ja noch nicht. Federico Noltenius finanziert und legt den Grundstein für das erste Krankenhaus, Federico Corssen und Carlos Lafrentz bauen Molen für die Verladung der Salpetersäcke im Auftrag des Unternehmers Gildemeister aus Lima, Francisco Eck spendiert eine größere Geldsumme für den Hafenausbau, während dagegen Jorge Hilliger weiter *Salpeter-Oficinas* mit seinen neuen Dampfmaschinen ausrüstet, unter ihnen auch solche des Mitbewerbers Juan Gildemeister.

Junges Blut und neue Kräfte

Die Stadt Iquique ist kaum wiederzuerkennen, Straßen werden befestigt, die Geschäftshäuser verbessern ihren Anstrich und die Auslagen. Die Arbeit im Geschäfts- und Wohnhaus des Unternehmers Hilliger in der *Calle Thompson* häuft sich, aber um alles bewältigen zu können, kann Don Jorge jetzt sogar mit zwei neuen, energischen Mitarbeitern rechnen. Aus Valdivia in Chile kam der in Göttingen gebürtige, mit dem Segler *Reiherstieg* eingereiste Friedrich Martin, nunmehr Federico Martin genannt, und aus Hamburg tritt zu Neujahr des Jahres 1870 Hermann Conrad Fölsch ins Geschäft, Letzterer von seinem Vater, dem Hamburger Geschäftsmann Johann Heinrich Fölsch, auf Weltreise geschickt, wie es sich traditionell für einen angehenden hanseatischen Kaufmann versteht. So gehört es sich für einen Sohn aus einer Hamburger Unternehmerfamilie, dass dieser über eine solide Fachausbildung im In- und Außenhandel verfügt und genau das kann Jorge Hilliger gebrauchen, nach nur zwei Jahren erteilt er ihm die Prokura. Richtig Schwung kommt in das Salpetergeschäft im Hause Hilliger.

Der junge Mann im Geschäft aus Hamburg kommt auch auf andere, umwälzende Gedanken. Weiterhin muss der Verkehr mit Valparaíso mühselig durch Schriftverkehr abgewickelt werden, einen direkten Telegraphen über diese Entfernung gibt es noch nicht, die gerade verlegte erste Leitung läuft über die peruanische Hafenstadt Callao, also nach Norden anstelle nach Süden, denn Iquique liegt in Peru, nicht in Chile. Da besteht Gefahr, dass auch andere, unwillkommene Mitbewerber die Post mitlesen.

„Don Jorge, ich habe da eine Idee."

Don Jorge ist auf diese neue Idee gespannt, der junge Mann aus Hamburg hat schon manches im ansonst mehr als oft Neuheiten ablehnenden Iquique geändert. „Und die wäre?"

„Wir erfinden einen Geheimcode. Buchstaben oder Worte, die ganz was anderes bedeuten als das, was auf dem Papier steht!"

Hermann Conrad Fölsch macht sich sofort ans Werk. Nun bedeuten T oder D eine Eins, N oder V eine Zwei und so geht das lustig weiter. Steht da *one,* so heißt das fünfhundert spanische Zentner – *Quintales* – *two* sind tausend *Quintales.* Aber auch ganze Sätze kann man durch einzelne Worte ausdrücken, bei *Larder* weiß man im Büro Hilliger, dass der Salpeterpreis steigen könnte, *Butter* bedeutet das Gegenteil. Ein dickes Buch füllen die Geheimcodes, von denen ein Exemplar in Iquique und ein zweites im Büro Vorwerk in Valparaíso hinterlegt wird. Ab jetzt darf man sich im Hause Hilliger sicher glauben, kein Fremder könnte auf dem langen Postweg von Iquique nach Valparaíso Einblick in die Korrespondenz nehmen.

Mehr und mehr arbeits- und gewinnsuchende junge Männer finden den Weg in das Unternehmen *Ceballos y Ugarte* in Iquique, über mangelnde Gesellschaft im Hause Hilliger in Iquique kann sich *Doña* Rosa in diesen bewegten Zeiten nicht beklagen, beherbergt das geräumige Haus in der *Calle Thompson* in Iquique nun nicht nur das Büro ihres Mannes, sondern ist auch Wohnung der ledigen Angestellten. Es sind einschließlich Hermann Fölsch und Friedrich Martin zeitweise noch zehn andere, bietet zudem ausreichend Platz, getrennt natürlich, der Familie Hilliger-Vernal mit Tochter Luisa. Für alle hat Köchin Juanita das Essen zuzubereiten, Zimmermädchen Engracia für Sauberkeit zu sorgen, aber wie seit den Zeiten der *Quebrada de Tarapacá* nicht anders gewohnt, *Doña* Rosa ist Herrin im Hause, überwacht Wirtschaft und Küche, kümmert sich obendrein um ihre eigenen Geschäfte. Und falls die Geschäfte die *Patrona* zu sehr in Anspruch nehmen, ist ja noch Tante Isabel zur Hand, sofern ihre Klavierstunden ihr ein wenig Ruhe gönnen.

Feuersbrünste, die ganze Stadtteile in Stunden in Schutt und Asche legen, sind in Iquique seit jeher keine Seltenheit, bauen die Einwohner ihre Häuser und Lagerschuppen doch lieber aus Holz als aus anderem feuersicherem Material. Man hat Angst vor neuen Erdbeben, denen hält das elastische Holz besser stand als Stein und Zement, außerdem kommt Bauholz, nämlich Kalifornische Kiefer, als Ballast auf Schiffen aus Kalifornien, ist also erschwinglich in einer sonst ausgetrockneten, vegetationsfeindlichen Umgebung. Aber genau zur rechten Zeit, nach dreijähriger Lehrzeit im *Instituto Sudamericano* des *Mister* Goldfinch und des Herrn Theodor Blühm, einem Intensivkurs in deutscher Sprache an der Deutschen Schule zu Valparaíso und drei Jahren als *Commis* in bekannten Handelshäusern des Hafens Valparaíso, trifft Stiefsohn Alfonso Ugarte ein, hat dort das Entstehen und die Organisation einer Freiwilligen Feuerwehr miterlebt, schreitet umgehend zur Tat.

„Wir brauchen eine Feuerwehr, eine freiwillige Feuerwehr, so wie ich es in Valparaíso erlebt habe." Don Jorge kann sich darunter nichts Rechtes vorstellen. Zwar hat er gesehen, wie in Salzwedel und auch Uelzen Männer in Lederjacken an Handspritzen übten, aber was machten die denn da? „Und wie willst du das machen? Hast du überhaupt eine Ahnung, wie das organisiert werden muss und was für Gerät wir brauchen?"

Dazu weiß Alfonso Rat: „Wir lassen uns kurzerhand das Reglement von Valparaíso kommen. Ich habe dort einen Mann, einen richtigen Feuerwehrmann von der Zweiten Kompanie, kennengelernt, der kann uns helfen. Diese Kompanie, wie sie dort zu einer Feuerwache sagen, wurde von den Angestellten der deutschen Handelshäuser gegründet, daher ihr Name *Bomba Germania!*"

Der Gedanke der Gründung einer Freiwilligen Feuerwehr in Iquique nach dem Vorbild der chilenischen Hafenstadt Valparaíso wird also umgehend in die Praxis umgesetzt. Eine erste Anfrage geht an den Präfekten der Provinz Tarapacá und löst erst einmal Erstaunen, ein schriftliches Erstaunen in Amtsspanisch aus. Eine im ebenfalls gehörigen *Amts*-Spanisch aufgesetzte Antwort an den Präfekten der Provinz, beginnend mit den Worten: „Ich habe die Ehre, auf Ihr wertes Schreiben vom 3. November des laufenden Jahres einzugehen ... usw." verlässt am 10. Dezember 1870 das Büro Hilliger, schlägt die Namen der Offiziere vor, die die neue Wache erst einmal organisieren und dann leiten sollen.

So entsteht die allererste freiwillige Feuerwehr in Peru, selbst in der fernen Hauptstadt Lima schwebt man im Dunkeln, kennt nichts dergleichen, wüsste man nicht, wie man einer Feuersbrunst entgegnen könnte. Jorge Hilliger, Carlos Lafrentz und Alfonso Ugarte sind selbstverständlich gleich von Anfang an dabei, Jorge setzt die Dienstordnung nach dem Vorbild der Feuerwehr Valparaíso fest. Bezeichnend für die Verwandlung des Lauenburgers Georg Christian Hilliger in Jorge Hilliger aus dem peruanischen Iquique ist der Entschluss, die neue Feuerwache – nach chilenischem Vorbild – *Bomba Iberia* zu benennen, nicht *Bomba Germania*. Wie in Valparaíso gelernt, dieser Name bleib der später von Juan Gildemeister noch zu gründenden Feuerwache No. 2 vorbehalten.

Und damit es endlich auch einmal etwas Großes zu feiern gibt, denn, entgegen wirtschaftlicher Erfolgsmeldungen laden die Ereignisse der letzten Jahre, Erdbeben, Überschwemmungen, Gelbfieber, Großbrände, eigentlich nicht gerade zum Feiern ein, wollen die Erbauer der ersten Eisenbahn, das peruanische Unternehmen *Montero Hnos.* natürlich nicht davon ablassen, die Fertigstellung der von ihnen geplanten und erbauten Strecke zu den Salpetervorkommen von *La Noria* mit vielen kleinen Anschlussbahnen gebührend zu begehen. Vierhundert englische Meilen Gleise hat man verlegt, ebenso viele Gäste sind geladen. Die Frachtkosten sinken auf ein Viertel und das zur rechten Zeit, der deutsch-französische Krieg von 1870 treibt wieder einmal die Preise in die Höhe, fünfzehn britische Shilling werden für den spanischem *Quintal* à 46 kg bezahlt. Salpeter ist immer noch ein unentbehrlicher Rohstoff für die Pulverherstellung.

„Salpeter, Salpeter", schreit die Welt. Millionen wollen im Alten Kontinent aber nicht nur schießen, sondern auch ernährt werden, die Salpeterdüngung hat in Europa Fuß gefasst.

In Hamburg erinnert sich Henry Barends Sloman seines Schulfreundes Hermann Conrad Fölsch, oder besser gesagt des Verehrers seiner Schwester Harriet Regina, ihn trägt die Reiselust aber erst einmal nach New York und Brasilien, alsdann entschließt er sich, den Weg auf einem Segelschiff zu wagen, Vater Fölsch und Onkel Robert Miles Sloman schießen die Reisekosten vor. Der junge Mann bucht ein Ticket zum peruanischen Iquique, bleibt aber erst einmal ein halbes Jahr in Lima hängen, wo er Arbeit beim Bau der Zentralbahn findet, bis er schließlich im Hause Hilliger in Iquique eintrifft. Er kommt genau zur rechten Zeit, die Freunde Fölsch und Martin haben aus einer Insolvenz-Masse das Salpeterwerk *Paposo* übernommen mit dem festen Entschluss, dieses mit der kaufmännischen Beratung von Don Jorge Hilliger und hohen Krediten zu exorbitanten Zinssätzen rasch aus den roten Zahlen lösen zu können. Der alte Herr übernimmt den Absatz und steht mit Rat den jungen Männern zur Seite, Henry Barends Sloman wird als

Verwalter in die Wüste geschickt, das heißt natürlich in eine richtige, heiße Wüste, nicht in eine geistige.

Nun ward Henry Sloman nicht gerade als Fachmann für den Salpeterabbau in der Wüste geboren. Englischer Geburt kam er als Sechsjähriger mit seiner Schwester Harriet nach Hamburg ins Haus eines Onkels, ging dort zur Schule, erlernte das Schlosser-Handwerk. Nun steht er – praktisch über Nacht – vor der ungewohnten Aufgabe der Verwaltung einer *Salpeter-Oficina* inmitten einer trostlosen Einöde, fern jedes anderen fachmännischen Beistandes, fern einer geregelten Versorgung mit Wasser, Lebensmitteln, Ersatz- und Hilfsgütern, fern auch der kleinsten Zerstreuung. Dazu muss erkannt werden, er erledigt die Aufgabe meisterhaft und das in einer Umgebung, in der eine rücksichtslose Ausbeutung der Arbeiter und deren unerfreulichen Konsequenzen jeder Art die Regel sind. Streiks, kleine Revolutionen, gewaltsame Besetzungen, Brandstiftungen sind die Regel. Wie bereits festgestellt, macht man sich im Allgemeinen in der Salpeterwüste den Umstand zunutze, dass viele der Arbeitssuchenden nicht gerade freiwillig den Weg in die Wüste gegangen sind, mit irgendeiner Sünde auf dem Kerbholz kommen sie, um hier erst einmal unterzutauchen. Andere aus Kreisen der einst stolzen Ureinwohner wiederum haben es seit der spanischen Kolonialherrschaft nie anders gekannt, stumpf ergeben sie sich gefühllosen, brutalen Ausbeutern, deren Aufseher obendrein Prämien für die Leistung der ihnen Untergebenen kassieren. Dazu sei gesagt, die Regierung der Republik Peru steht dem nicht nach, ist sie sich immerhin nicht zu schade, die eingeborenen Naturvölker, die *Origines* – sie stellen einen Teil der Arbeiter –, mit einer Sondersteuer, dem *Tributo indígena* zu belegen. Es wird Jahre währen, bis diese einst von den spanischen Kolonialherren eingerichtete Steuer abgeschafft wird.

Erst muss es zu massiven Protesten, Streiks, Besetzungen und brutalem Eingreifen des Militärs kommen, um die Unternehmer umzustimmen, und gerade unter ihnen sind es ausgerechnet die peruanischen, die sich einer Verbesserung der Lebensbedingungen ihrer Arbeiter widersetzen. Henry Sloman muss nach bitteren Erfahrungen zugestehen, seinem Personal als einer der ersten in der Provinz Tarapacá soziale Verbesserungen gewähren zu können, was ihm nach der Einrichtung neuer verbesserter Arbeits- und Wohnungsbedingungen gestattet, dieses auch nach eigenen Kriterien auszusuchen. Er ist alsdann nicht mehr auf jeden angewiesen, den der Boom an die Pazifik-Küste von Iquique spült. Diese für damals in Tarapacá zwar spät eingeführte, ungewohnte, aber im Falle Fölsch & Martin neuartige Personalpolitik, wenn man sie überhaupt so nennen darf, soll allerdings recht viel später erheblich zum finanziellen Erfolg der Gesellschaft beitragen.

Die Unternehmen Fölsch & Martin sowie der bald darauf selbstständige Henry Barends Sloman – aber immer noch eng mit dem Hause Hilliger verbunden – entwickeln sich in kurzer Zeit zu den erfolgreichsten Salpeterproduzenten der Westküste Südamerikas, was selbstverständlich ihren „Lehrherrn" Jorge Christian Hilliger mit Stolz erfüllt. Sie kehren eines Tages als reiche Männer nach Hamburg zurück, Hermann Conrad Fölsch schon 1877 als Ehepartner seiner Jugendliebe Harriet Sloman, ihr

Bruder errichtet nach dem Ersten Weltkrieg in Hamburg das Chile-Haus. Das Leben beider Familien aus der Salpeterhierarchie von Iquique schreibt Geschichte in der Hansestadt.

Jederman weiß, wem einmal die Gunst Fortunas winkt, erleidet an angetragenen Ehren keinen Mangel. Eigentlich gar nicht preußischer Untertan, eher Niedersachse, genauer gesagt aus dem dänischen Herzogtum Lauenburg, wird Jorge Hilliger erst mit dem Titel eines preußischen Konsuls, dann mit dem eines Konsuls des Norddeutschen Bundes ausgezeichnet, bald darauf kann er sich im Januar des Jahres 1872 über die von Kaiser Wilhelm I unterzeichnete Urkunde zur Ernennung zum Konsul des Deutschen Reiches in Iquique freuen. Im gleichen Jahr gründet Juan Gildemeister in Iquique die zweite Freiwillige Feuerwache, sie trägt den Namen *Germania*, nur Monate später entsteht auch der Deutsche Verein.

War man seit jeher im fernen Lima nicht gerade entschlussfreudig, lange hat es gedauert, aber endlich sieht die peruanische Zentralregierung in Lima die Bedeutung des stetig wachsenden Hafens Iquique ein, verlegt im Jahre 1874 die Hauptstadt der Provinz aus dem tief in seiner grünen Schlucht friedlich vor sich hinschlummernden Tarapacá in die aufstrebende, pulsierende Hafenstadt, errichtet einen Leuchtturm auf der dem Hafen vorgelagerten Insel *Isla* (später *Serrano* genannt), die die Anlagen vor dem gefürchteten Nordwind schützt. Auch wird im gleichen Jahr die erste Telegraphenleitung zu den Salpetergebieten um *La Noria* eingerichtet und, da trotz täglich wachsender Beanspruchung durch die zunehmenden Salpeterexporte Jorge Hilliger immer noch

Zeit übrig hat, gründet er gemeinsam mit einer Gruppe österreich-ungarischer Freunde den Club Iquique, der, leider wie sein deutsches Pendant und die neuerbaute erste Kirche römisch-katholischen Glaubens, bald darauf ein Raub der Flammen des nächsten Großfeuers sein wird. Sogar beiden Feuerwehrkompanien *Iberia* und *Germania* gelingt es mit den ihnen zur Verfügung stehenden bescheidenen Mitteln nicht, dem Feuerteufel Herr zu werden. Also beschließt Jorge Hilliger, aus eigener Tasche die Beschaffung einer modernen Dampfspritze in England zu finanzieren. Es wird die erste in ganz Peru sein. Er stellt sie der jungen Freiwilligen Feuerwehr als Geschenk in die Wache.

Aus Lima nichts Neues: Gefahr der Enteignung der Salpeterfelder

Peru vale Plata, so sagte man doch in den längst verblichenen Zeiten einer in Silber und Gold glänzenden Herrschaft der spanischen Vizekönige in Lima. Peru ist Silber wert, nicht zu Unrecht, aber dieser Spruch verliert in der zweiten Hälfte des 19. Jahrhunderts seine Bedeutung. Horrende unkontrollierte Staatsausgaben, gewissenlose Spekulationen um das Düngemittel Guano in den europäischen Hafenstädten, ein ins Endlose auswachsender Eisenbahnbau hinauf in schwindelnde Bergeshöhen ohne eine wirtschaftliche Rückendeckung geschweige denn finanzielle Absicherung haben die Staatsfinanzen ins Wanken gebracht, das Land ist bei englischen und französischen Banken hoffnungslos verschuldet. Diese schreiten zur Selbsthilfe, pfänden peruanische Guano-Ladungen in europäischen Häfen. Ratlos steht man in Lima dieser Lage gegenüber, was kann man tun?

Aber da sind ja noch die Salpetervorkommen. Also beschließt man kurzerhand in Lima, Hand an sie zu legen, denkt an eine staatliche Monopolverwaltung, setzt erhöhte Steuern und Zölle fest, erlässt schließlich im Mai 1875 ein Gesetz, das mit Recht *Lei de Expropiación* – Enteignungsgesetz – genannt wird und beginnt, die *Oficinas* ganz in Staatsbesitz zu überführen. Natürlich sind zunächst die peruanischen Besitzer betroffen, aber am Ende trifft es alle. Die Eigentümer werden mit fragwürdigen Zertifikaten abgefunden, die aber erst zu Geld gemacht werden können, wenn britische Banker dafür die nötigen Kredite bewilligen. In London denkt man jedoch nicht daran, sitzt man doch schon auf faulen Schuldverschreibungen des peruanischen Staates fest. Folglich bleiben die Unternehmer, die sich auf diesen Handel einlassen mussten, es sind nicht wenige und unter ihnen mehrere aus dem Familienclan Vernal, erst einmal auf ihren Zertifikaten sitzen. Vor allem unter den englischen und deutschen Unternehmern mehrt sich die Unmut, man befürchte Gleiches und denkt daran, fremde Mächte um Unterstützung zu bitten, denn schließlich ist man natürlich nicht bereit, Salpeterwerke und Grundbesitz für das Schlamassel in Lima herzugeben. Ein amerikanischer Unternehmer, in bester Cowboy-Manier, schlägt sogar vor, die *U.S. Cavalry* zu rufen, damit sie „in Lima Ordnung schaffe". Bemerkenswert dabei ist zudem, dass die kraft Gesetzes enteigneten Salpeterwerke weiterhin in Verwaltung und Betrieb ihrer Eigentümer bleiben, denn an „Wie soll das weitergehen?" hatte wohl in Lima niemand gedacht. Fachkräfte für Abbau und Weiterverarbeitung stehen der Regierung nicht zur Verfügung, da muss man ja wohl auf das Personal oder die Eigentümer selbst zurückgreifen.

Aber da wären ja noch die Chilenen, sie bilden neben Engländern und Deutschen schon jetzt eine gewichtige Gruppe, halten engen Kontakt zu Valparaíso, sehen überhaupt die chilenische Hafenstadt als ihren Mittelpunkt an. Die peruanische Hauptstadt Lima ist für sie höchstens eine lästige Begleiterscheinung. Hinzu kommen Gerüchte aus dem bolivianischen Teil der Atacamawüste südlich des Rio Loa, dort, so wird berichtet, sollen Salpeter- und Guanounternehmer mit einer neuen Steuer belegt und, im Falle einer Weigerung, sogar zwangsversteigert werden. Das wiederum bringt *Doña* Rosa in Rage, hat sie sich doch kürzlich an dem Guanoabbau von Mejillones finanziell beteiligt, das heißt ihr Sohn Alfonso hat dazu geraten und wenn die Bolivianos einmal das Salpeter an sich gerissen haben, werden sie sich sicher auch an das Guano halten. Bei der stets unsicheren Lage im Andenhochland wäre das zu erwarten, dort wechseln die Regierungen im Monatstakt, wie jederman nicht nur in Chile und Peru, sondern sogar im fernen Europa weiß.

Glaubhafte und nicht glaubhafte Berichte, Gerede in abendlichen *Tertulias*, Gerüchte, unklare Anweisungen aus der Hauptstadt Lima, alles in allem nicht gerade beruhigend, trotzdem boomt Iquique. Die Unternehmer, Jorge Hilliger selbstverständlich unter ihnen, können weiterhin zufrieden auf das Wachsen ihrer Konten auf britischen Banken schauen. Zudem reicht es für eine sichtbare Verbesserung der Stadt, für eine Leitung, die frisches Trinkwasser aus dem 110 km entfernten Pica bringen, für den Bau eines Gaswerkes, das im folgenden Jahr die Stadt mit Leuchtgas versorgen soll und vieles mehr, was an Fortschritt zu melden wäre.

Man könnte sich also auf ein bequemes Leben im unschönen Iquique einrichten und wenn man es durchaus schöner haben will, gibt es immer noch den Landsitz in der *Quebrada de Tarapacá.* So weit in Iquique, aber die neuen Verbindungen, der Telegraph bringen ungewohnte Unruhe in die Stadt und da darf es nicht wundern, dass Don Jorge eines Tages den Anfang macht:

„Weißt du, Rosita, die peruanischen Gesetze bestimmen, dass das Vermögen einer Frau durch Heirat automatisch in den Besitz des Ehemanns übergeht, machen eine verheiratete Frau regelrecht unmündig. Ich als Europäer, Deutscher, halte das für absolut widersinnig, aber es ist hier nun einmal so."

„Und wie willst du das ändern?"

„Ich führe ja eine getrennte Buchhaltung für dich und mich in meinen Büchern, auf unserem Konto in London wird dein Vermögen separat geführt, deine Einnahmen, deine Zinsen und deine persönlichen Ausgaben habe ich getrennt verbucht. Die Zinsen für dein Vermögen, das in mein Geschäft geflossen ist, wurden dir in London gutgeschrieben. Das weißt du und das kannst du jederzeit prüfen. Alle Kosten unseres Haushaltes und der Familie trage selbstverständlich ich.

Jetzt sieht es so aus, als ob die ruhigen Tage in Iquique vorübergehen, wir sollten Vorkehrungen treffen.

Du hast gesehen, die Regierung in Lima möchte gern die Salpeterwerke in ihren Besitz bringen, die Regierung ist pleite, irrsinnige Ideen kreisen da in Lima herum, das hast du ja auch schon gemerkt."

Rosa Vernal weiß es, hatte auch Einsicht in die Bücher, zweifelt nicht an der korrekten Buchführung ihres Mannes und hat ja ihren Sohn, der mit sichtbarem Erfolg in die Fußstapfen ihres Mannes tritt. Die gute Ausbildung in Valparaíso zahlt sich aus. So ihre Ansicht:

„Ich zweifle nicht an deiner korrekten Buchführung und wenn die Gesetze einmal so sind, können wir nichts daran ändern."

„Doch, wir können das. Wir machen ein paar Tage schöne Ferien, fahren mit dem Dampfer nach Valparaíso, dort erteile ich dir eine *Licencia Marital,* eine Vollmacht, und Du kannst über deinen Teil unserer Konten in London verfügen."

Doña Rosa wendet ein: „Und warum gerade in Valparaíso? Können wir das nicht hier in Iquique erledigen oder notfalls nach Tacna fahren? Das ginge doch auch."

Da steht Jorge allerdings auf einem festeren Boden, schließlich kämpft er täglich mit peruanischen Behörden, weiß, was da alles abläuft.

„Eine *Licencia Marital* könnten wir nur vor einem ausländischen Konsulat in Valparaíso abschließen, denn in Chile gelten fast die gleichen Gesetze wie in Peru, viele wurden damals ganz einfach von den Spaniern übernommen. Das heißt dein Vermögen gehört gesetzlich mir, aber das kann man in Chile durch eine *Licencia Marital* formell umgehen, in Peru ginge das gar nicht. Da wir unsere Konten in London haben, würde ein Doku-

175

ment aus Valparaíso genügen. In Chile könnten wir auch nichts damit anfangen, aber wir lassen es dann gleich vom britischen Konsul beglaubigen und schicken es zur Bank nach London."

Rosa ist skeptisch. Käme das nicht einem öffentlichen Misstrauensvotum gegenüber ihrem Manne gleich? Das möchte sie gar nicht erst verlauten lassen, auf keinen Fall in Iquique, man redet sowieso schon viel, spricht von einer Entfremdung zwischen beiden Ehepartnern, einer Trennung, was eigentlich gar nicht so abwegig ist. Rosa hat einen starken Charakter, es fällt ihr sowieso nicht leicht, sich einem Mann unterzuordnen, aber was soll's, die Gesetze werden eben von Männern gemacht. Warum soll man kleine familiäre Auseinandersetzungen gleich aller Welt erzählen?

Überhaupt, wer weiß, was die nächsten Jahre bringen werden? Die zahlreichen Chilenen in Iquique üben allerlei Druck auf die peruanischen Behörden aus, widersetzen sich deren Anordnungen und ewig möchte sie auch nicht täglich ihren Geschäften nachgehen müssen, dafür steht jetzt Sohn Alfonso zur Verfügung. Seine Lehrzeit in Valparaíso trägt Früchte.

Wieder einmal in Valparaíso, die *Licencia Marital*

Der Verkehr der *Pacific Steam Navgation Company* hat zugenommen, nun braucht man nicht mehr vierzehn Tage zu warten, bis das nächste *Steamboat* nach Valparaíso abgeht. Eine Kabine erster Klasse ist rasch zu buchen, aber dennoch wird es Ende 1876. Jorge Hilliger betritt wieder einmal das Büro der *Pacific Steam Navigation Company*, so wie einst vor nicht ganz fünfundzwanzig Jahren, diesmal jedoch als angesehener Geschäftsmann aus Iquique und nicht wie damals in Valparaíso als frisch eingereister *Gringo*. Der Empfang hat sich allerdings nicht geändert, Besucher werden sofort an der Tür in Passagiere der ersten, zweiten und dritten Klasse getrennt, notfalls und wenn der Platz es erfordert, die der ersten und zweiten gemeinsam. Wiederum ist der Empfang auf Englisch:

„Sir, can I help you?"

Seine neue Stellung als Seegast mit Ehefrau enthebt ihn des Zwangs des gemeinsamen Reisens mit einem unbekannten, brötchenkauenden unangenehmen Kajüten-Genossen, abgesehen von der Tatsache, dass der erst vor wenigen Jahren in Dienst gestellte Dampfer *Amazonas* über mehr Bequemlichkeiten verfügt als seine Vorgänger, wird er doch auch auf der Transatlantikroute von Liverpool rund um Südamerika zur Pazifik-Küste eingesetzt. Sein Antrieb erfolgt über die gerade erfundene Schraube und nicht mehr über gewaltige Paddelräder, deren unermüdliche kraftvolle Arbeit Jorge Hilliger auf seiner ersten Reise in Bewunderung über solch technischen Fortschritt versetzte.

Iquique hat trotz rasanter Entwicklung seinen provinziellen Charakter nicht verloren, es wird viel geredet und getratscht, jedes Gerücht mit Windeseile herumgetragen. Seit Wochen besteht der Verdacht, das eheliche Verhältnis im Hause Hilliger-Vernal in den Tagen des Jahres 1876 durchlaufe eine Krise, jedenfalls lassen gewisse Anzeichen darauf schließen, wie zum Beispiel getrennte Wohnsitze, er in Iquique, sie dagegen des Öfteren im Tarapacá-Tal. Die einst vom *Doctor inglés* Bokenham beschriebene Französische Krankheit und kleine, noch nicht klar erkennbare Krankheitssymbole, die sich an der nunmehr vierzehn Jahre alten Tochter Luisa bemerkbar machen und ohne vorliegenden ärztlichen Befund von der Mutter auf die Infektion ihrer Vaters zurückgeführt werden, haben *Doña* Rosa zudem bewogen, sich wieder mehr ihren eigenen Geschäften als ihrem Mann zu widmen, was natürlich in Iquique und dem Tal von Tarapacá nicht ganz unbemerkbar bleiben kann.

Dem kommen noch andere Zweifel hinzu. Natürlich kann ihr Mann Jorge beträchtliche wirtschaftliche Erfolge verbuchen, die seinen Kontostand erheblich verbessern, auch hat er ihr für die von ihr eingebrachten Gelder erfreuliche acht Prozent Zinsen jährlich gutgeschrieben, was ja nicht zu verachten und im Salpetergeschäft durchaus üblich ist. Als im römisch-katholischen Glauben aufgewachsene Frau kommen ihr aber jetzt andere Bedenken: Ist ihre nach lutherischem Ritus in Deutschland vollzogene Ehe überhaupt vor Gott gültig? Natürlich hat Pater Gilberto auch seine Hände im Spiel, bringt Einwände hervor, hatte jedoch nicht die Taufe der Tochter Luisa Cristina verweigert, so ganz sicher seiner Sache war er wohl nicht in diesem abgelegenen Flecken Erde. Entsprechenden Weisungen vom Erzbistum in Lima gelingt selten oder nie der Sprung über die Wüste.

Unterstützt vom Sohn Alfonso, besser gesagt es ist Sohn Alfonso, der dank seiner soliden kaufmännischen Ausbildung in Valparaíso der Mutter in allen Geschäften beisteht und inzwischen Stellungen wie Stadtrat, Bürgermeister, Feuerwehroffizier und noch mehr bekleidet, ihr Vermögen bedeutend vermehren kann. Guanoabbau in Mejillones, neue Salpeterfelder in Iquique und dem chilenischen Taltal, auch Grundstücke in Iquique und der Hauptstadt Lima zählen seit kurzem zu ihrem Besitztum. Silberbarren, wertvoller Schmuck wird gar nicht mehr mitgezählt, die sind eben da. Leider verfügt das beschränkte gesellschaftliche Leben in Iquique über wenige – oder besser gesagt gar keine – Gelegenheiten, Schmuck und schöne Kleider überhaupt erst einmal einzukaufen und dann auch auszuführen. In Tarapacá weiß sowieso jeder, was der andere hat, dazu ist das Tal zu eng und das in jeder Hinsicht.

Schon aus diesem Grund bietet Valparaíso, dieser derzeit lebhafteste Hafen der ganzen pazifischen Westküste, seine Reize. Die geschäftlichen Verbindungen des Ehemannes Jorge werden sich auf gesellschaftlicher Ebene bemerkbar machen, das erwartet *Doña* Rosa jedenfalls mit einem gewissen Recht auf Anspruch.

Das Schauspiel der Hinreise, wie vor zweiundzwanzig Jahren, wiederholt sich nun in umgekehrter Reihenfolge. Eine steile, ausgetrocknete granitgraue Felsküste, die schroff ins Meer fällt, übereinander getürmte Felsen, in Jahrtausenden ans Ufer gespült, weichen langsam weniger hohen, sandfarbenen Bergen, die von Zeit zu Zeit sogar einen Flecken Grün mehr ahnen als sehen lassen. Antofagasta, zu Bolivien gehörig, wird angelaufen, auch dieser Hafen unterlief in den Jahren seit der ersten Begegnung vor vierundzwanzig Jahren einer gewaltigen Veränderung, schon liegen Gleise einer neuen Eisenbahn an der Mole. Eine unübersehbare Menschenmenge drängt an der Pier, viele hergekommen mit dem Wunsch, dieses neue Rauch und Dampf ausspeiende Ungeheuer der Technik zu bestaunen, andere mit der Absicht, eine Reise in den freundlicheren Süden antreten zu können. Wie überall werden Reisegäste und Gepäck in Booten herbeigerudert, einen Anlegepier für größere Schiffe gibt es noch nicht.

Das gleichmäßige einschläfernd wirkende Stampfen der Maschine begleitet eine zusammengewürfelte Reisegesellschaft, wie man sie sich nicht bunter vorstellen könnte. Da trifft am gleichen Tisch der im vornehmen, europäischen Schnitt verratenden Anzug gekleidete frisch gebackene Salpetermillionär auf den noch im abgetragenen, verwaschenen Arbeitskittel um angebrachtes Benehmen ringenden Silberprospektor, dieser fest im Vorhaben, sofort nach Ankunft in Valparaíso sein dürftiges Aussehen einer grundsätzlichen Verbesserung zu unterziehen. Natürlich fehlt nicht ein in würdiges Schwarz gewandeter Priester, legt durch Ehrfurcht gebietende Gesten Wert auf Unterschied zum lauten Benehmen der übrigen Mitreisenden. Und nicht zu vergessen, die Damen des leichten Gewerbes, manche offensichtlich schon im Besitz eines kleinen ersparten Vermögens, anderen scheint es weniger gut gegangen zu sein, aber alle fröhlich und guter Dinge, dabei nicht ganz abgeneigt, die Eintönigkeit der Reise abwechslungsreicher und obendrein gewinnbringend zu gestalten. Demzufolge werden Bekanntschaften geknüpft, Adressen ausgetauscht, viel gelogen. Selbstverständlich hat sich auch die Spielbank aufgetan und so mancher *Minero* wird hier gleich an Bord um sein sauer verdientes Geld erleichtert.

Je mehr sich die Gesellschaft Valparaíso nähert, desto höher schlagen die Herzen an Bord, soll doch die aufblühende Hafenstadt heute die Perle des Pazifiks sein, bieten, was die improvisierten Salpeter- und Kupferhäfen des Nordens vermissen lassen. Und so, endlich nach sechs Tagen hoffnungsvollen Wartens, öffnet sich den Reisenden die weite Bucht des Tales des Paradieses, erfüllt vom Treiben der an sechzig vor Anker liegenden Segel- und Dampfschiffe. Schon an Bord spürt man den Puls eines geschäftigen Lebens, wie mag das an Land weitergehen?

Don Jorge erkennt die damals vor zweiundzwanzig Jahren gerade fertiggestellte Passagier-Mole, erinnert den Weg zum *Hotel de Chile*, noch immer das erste Haus für den Neuankömmling, für Geschäftsleute aus Europa auf der Suche nach neuen Märkten, noch immer der alte deutsche Besitzer, wenn auch jetzt die Familie in die Fußstapfen des Gründers getreten ist. Natürlich hat sich Jorge Hilliger angemeldet, natürlich steht ihm das beste Zimmer mit dem schönsten Ausblick zur Verfügung.

Selbstverständlich hat man sich für einen längeren Aufenthalt eingerichtet, wenn auch die Erledigung der *Licencia Marital* mit Übersetzung und Beglaubigung durch das Britische Konsulat kaum mehr als zwei Tage beanspruchen sollte, nähme man sich wirklich vor, alles rasch zu erledigen. Doch das ist nicht die Absicht des Ehepaares Hilliger-Vernal, man hat ja Zeit.

„Mensch, Sie sind wieder da! Welche Überraschung, zwar haben wir gehört, dass Sie Erfolg in Iquique hatten, aber ein Wiedersehen nach all den Jahren, das muss gefeiert werden!"

Volle Wiedersehensfreude schallt dem Besucher im Deutschen Verein entgegen, nun schon im neuen Haus, frisch eingerichtet. Aber das ist ja noch nicht alles, inzwischen ist eine Deutsche Schule entstanden, ein *Hülfsverein* soll in Not geratene Bürger aus deutschsprechenden Ländern unterstützen und sogar ein Deutsches Krankenhaus, das *Hospital Alemán de Valparaíso,* hat vor drei Jahren dank des unermüdlichen Schaffens eines Dr. Heinrich von Dessauer seine Pforten geöffnet. Dieser gerade geschaffenen Einrichtung, im weiten Umfeld des Landes Chile noch unbekannt, gedenkt Jorge Hilliger einen seiner ersten Besuche zu erstatten, gehen ihm doch die Worte des verunglückten Dr. Bokenham aus Iquique in jenen Tagen der Geburt von Tochter Luisa nicht aus dem Kopf. Und wen trifft er dort? Dr. Theodor Piderit, den Warner aus ersten Tagen in Chile.

„Na, na, habe ich Sie damals nicht oft genug gewarnt!", sind seine ersten Worte. Aber was kann Jorge Hilliger heute dazu noch erwidern?

„Aber sagen Sie einmal, haben Sie nicht damals vor Jahren erwähnt, Sie seien Mitglied der Salzwedeler Freimaurerloge *Johannes zum Wohle der Menschheit* gewesen?" Dr. Piderit kann sich erinnern an Gespräche im Klub.

„Ja, stimmt. In all den Jahren in Iquique habe ich die Verbindung zu meinen Salzwedeler Freunden nicht abreißen lassen. Aber Sie wissen, bei den Verbindungen ging das etwas langsam voran. Sogar das Gesangbuch habe ich noch, liegt in Iquique."

Jorge gibt zu, manchmal war es doch ein wenig einsam in Iquique, hin und wieder das Leben trotz gewollter rascher Eingewöhnung etwas fremd. Über solche

Augenblicke halfen Erinnerungen wie die Hymnen aus dem Gesangsbuch der großen National-Mutterloge „Zu den drei Weltkugeln" hinweg, waren wie ein langsam entschwindender Ton aus der alten Heimat.

„Aber warum fragen Sie?"

„Ja", Dr. Piderit hebt den rechten Arm, weist auf einen unsichtbaren Punkt in ferner Höhe, „wir sind dabei, hier in Valparaíso eine deutsche Loge nach hanseatischem Ritus zu gründen, *Lessing* soll sie heißen. Am Montag, den 22. Januar, soll eine erste Versammlung sein. Wären Sie dabei? Ich würde mit dem Gründungskomitee sprechen, als Bruder aus Salzwedel wird man sicher sehr erfreut sein, Sie willkommen zu heißen."

Natürlich ist Jorge Hilliger gern bereit mitzumachen. Das wäre ja eine tolle Gelegenheit, irgendwann einmal in Valparaíso schnell Fuß fassen zu können.

Wie man sieht, hatte die deutsche Reichsgründung in Chile schon vor dem Jahre 1871 stattgefunden, Bayern, Hanseaten, Preußen, Sachsen, Rheinländer und Schlesier finden im Deutschen Verein zusammen, auch Österreicher, Ungarn, Dänen und Holländer sind stets anzutreffen, fühlen sich dort wohl.

Neues ergibt sich von allein, alte Beziehungen werden aufgefrischt, steht doch Jorge Hilliger mit vielen von ihnen über die Jahre hinweg in geschäftlicher Verbindung. Da wäre zum Beispiel das Haus Vorwerk und noch viele andere. Nun erscheint der Freund aus Iquique mit seiner Frau, die Tochter haben sie daheim in Obhut ihrer Schwester Isabel gelassen, da gäbe es wahrlich viel zu erzählen. Wen wundert es, *Doña* Rosa dagegen sieht ihr erstes Anliegen in der Notwendigkeit, ihre Garderobe auf den neuesten Stand zu bringen, denn wie schon berichtet, Iquique bietet dafür wahrlich nur wenige oder überhaupt keine Möglichkeiten.

Es war zu erwarten, Don Jorge gedenkt, der lieben Gewohnheit am Donnerstag *jour fixe* zu halten, fragt danach.

„Natürlich, wird immer noch gemacht, heute sogar mehr als früher. Sie waren doch auch im Hause von Don Ismael, dem Palta-Bauer. Donnerstag ist wieder *jour fixe*, gehen Sie doch einfach wieder hin, selbstverständlich mit Ihrer Frau. Hier vom Verein werden wieder welche dabei sein, da gehen Sie mit, Don Ismael wird bestimmt sehr erfreut sein."

Doña Rosa hat erst einmal Einwände, Einwände, die jede Frau in einer solchen Lage hat. *„No tengo que ponerme."* – „Aber ich habe doch nichts anzuziehen."

„Genau deshalb werden wir hingehen. Die Leute wissen, dass wir aus der finstersten Provinz kommen, aus der Salpeterwüste. Du wirst sehen, die *Señora* Carmen wird dir anbieten, dich zu den besten Schneidern und Modehäusern von Valparaíso zu führen."

Und fügt dann noch hinzu:

„Dafür bist du ja auch hierhergekommen, nicht wahr, *querida?"*

In Valparaíso pulsiert das Leben der wichtigsten Hafenstadt am südlichen Pazifik, doch Gefahr droht am Horizont. Da soll es doch wirklich einen verrückten Franzosen geben, so wird berichtet, der einen Kanal durch den Isthmus von Panama graben will, aber das wird wohl noch lange dauern, wenn es überhaupt zustande kommt. Das wäre wirklich das Ende der Blütezeit des *Val de Pa-*

raiso. Unterdessen sehen sich alle Schiffe, ob groß oder klein, ob Segel oder Dampf, gezwungen, auf ihrer Reise von und nach Europa oder gar von Südamerika zu den Pazifischen Inseln, zu den Goldgräberfeldern von Kalifornien hier Station zu machen, Kohlen zu bunkern, Lebensmittel und Trinkwasser zu übernehmen und das hinterlässt deutlich sichtbare Spuren des Wohlstandes in Valparaíso. Man sieht es auf den Straßen, elegante Damen flanieren mit Herren im Cut auf dem Weg zur Börse, sonntags spielt die Regimentskapelle auf der *Plaza de la Victoria* und gibt der Jugend Gelegenheit, dem jeweilig anderen Geschlecht Referenzen zu erweisen, Verbindungen anzuknüpfen. Aus Europa eingeführte Prüderie wird beim Platzkonzert kurzerhand einmal außer Acht gelassen.

Der *jour fixe* im Hause des Don Ismael verläuft wie erwartet. Erst die Überraschung, dann Wiedersehensfreude, die Erkundigungen nach den Kindern. Die beiden Buben von damals sind gewachsen, besuchten Universität und andere Institute in Santiago, sind längst verheiratet. *Doña* Carmen hat nichts von ihrem natürlichen Charme verloren, ist ganz die alte, gewandte Gastgeberin, trotz der verflossenen Jahre. Don Ismael kann wie früher mit Neuigkeiten aus der Politik der Hauptstadt aufwarten. Irgendein Verwandter oder guter *Amigo* hat sogar einen bedeutenden Posten in der Regierung ergattert, allerdings geht nicht genau hervor, welchen und was er da zu schaffen hat. *Doña* Carmen erkennt sofort die Probleme von *Doña* Rosa und bietet an, sie gleich am nächsten Tag zu den einschlägigen Geschäften, zu ihrer Schneiderin zu führen, natürlich weiß sie Bescheid, wo

185

man was bekommt und dabei sogar noch ein wenig ab-
handeln kann. Paris liegt zwar nicht in nächster Nähe,
doch der letzte Schrei der Mode findet seinen Weg mit
einer halbjährigen Verspätung in das ferne Valparaíso,
von Iquique dagegen ganz zu schweigen.

„Gegen zehn Uhr hole ich dich am Hotel ab, meine
Kutsche steht dann bereit."

Das läuft alles schnell und unkompliziert. Die Frau-
en kommen sofort gut miteinander aus, Jorge weiß, um
dieses Thema braucht er sich nicht mehr zu kümmern, er
kann seinen geschäftlichen Dingen in aller Ruhe nachgehen, erlebt selbstverständlich auch gleich die erste Überraschung am folgenden Tag zur Mittagszeit. Anstelle seiner lieben Gattin findet er im Hotel nicht nur einen Berg
Pakete und Schachteln vor, sondern auch ein *Billett,* das
von einem Boten samt aller Pakete überbracht wurde:

„Lieber Jorge, bleibe bei Carmen zum Mittagstisch,
nachmittags gehen wir zu einer Freundin von ihr zum
Tee und irgendwann am Abend bin ich wieder da. Übrigens wollen uns Ismael und Carmen über das Wochenende auf ihren Landsitz bei Quillota einladen, da fahren
wir mit der neuen Eisenbahn hin. Das wäre dann am 13.
und 14. Januar. *Te beso*, Rosa."

Das war ja wohl zu erwarten, denkt er. Don Jorge hat
noch eine Reihe von Besuchen abzuwickeln, das Salpetergeschäft hat Verbindungen hervorgerufen, die bei
dieser Gelegenheit durch persönliche Kontakte gefestigt
und ausgeweitet werden müssen. Schon gar nicht mehr
überrascht erfährt er dabei von der Gründung der Freimaurerloge, die nach Hamburger Vorbild gebildet werden
und den Namen des deutschen Dichters Lessing tragen

soll. Als noch immer seiner alten Salzwedeler Loge „Johannes zum Wohle der Menschheit" verbunden, fühlt er sich selbstverständlich verpflichtet, wie schon Dr. Piderit versprochen, der Gründungsfeierlichkeit als geladener Gast beizuwohnen.

Im Deutschen Verein ist wie nicht anders zu erwarten immer „etwas los". Zwar existiert das Unternehmen der „Tante Olga" nicht mehr, andere, dem Vernehmen nach sogar noch üppiger ausgestattete *Etablissements* haben gewinnlüstern die Nachfolge eingenommen, Dr. Piderit warnt auch heute weiterhin, doch Jorge Hilliger gelüstet es jetzt nicht mehr nach zweifelhaftem Vergnügen, an eine Wiederholung des Ausfluges von vor zweiundzwanzig Jahren ist ihm nicht gelegen, Micaela längst vergessen. Dagegen reiht er sich fröhlich in die Runde der alten und neuen Bekannten am Tresen ein – Rosa ist wieder einmal mit ihren neuen Freundinnen unterwegs –, so hat er kürzlich im Gespräch beim dritten oder vierten Glas Bier, geliefert selbstverständlich vom deutschen Brauer Plagemann, in Iquique kennt man ja gutes deutsches Bier nicht, ein paar Worte im allgemeinen Stimmgewirr herausgehört, regen seine Gehirnzellen an:

„Ihr kennt doch alle den alten Brand, der will sein Grundstück hier ein bisschen oben am *Cerro Alegre* verkaufen. Der geht nach Bremen zurück. Eine sehr schöne Parzelle, gute Bewässerung, schönes Haus mit Garten. Der Brand möchte allerdings die Bezahlung in neuer Mark oder englischen Pfund, mit chilenischen Pesos kann er ja drüben nichts anfangen."

Fortan kommt Jorge Hilliger aus den Überlegungen nicht heraus. Irgendwann wird er ja das raue Salpetergeschäft aufgeben müssen und so ein schönes Grundstück ein wenig oberhalb dieser lebhaften Stadt, nicht zu weit, sodass es immer noch bequem zu erreichen ist, sollte man doch mal ins Auge fassen. Nicht zu teuer und wenn, dann immer noch bezahlbar und angeblich in einer schönen Landschaft gelegen, ein Angebot, das durch eine kurze Spazierfahrt in Augenschein genommen werden kann. Bis zum Wochenende ist ja noch Zeit.

Es darf nicht wundern, dass bei so vielen Verpflichtungen die Zeit im Fluge vergeht. Am folgenden Donnerstag ist wieder *jour fixe*, diesmal in einem noch unbekannten Haus, obwohl Rosa der Dame des Hauses bereits wohlbekannt ist, hat man sich doch schon bei Teenachmittagen getroffen. *Doña* Rosa aus dem fernen, unbekannten Iquique in der peruanischen grauen, grässlichen Wüste wird, wie es sich gehört, in Valparaíso herumgeführt und vorgezeigt.

Rosa ist nicht mehr wiederzuerkennen, Jorge bekommt vor Staunen seinen Mund nicht mehr zu. Neue, hochelegante Kleider, neue Frisur – Valparaíso zählt neuerdings zu seinen kürzlich zugereisten Bürgern einen Coiffeur, angeblich direkt aus Paris, so behauptet er –, auch im Gesicht allerlei Neues, was er sich nicht erklären kann, wenigstens auf den ersten Blick. Sie ist ganz in der besten Gesellschaft von Valparaíso angekommen.

Und rasch kommt es so zum Wochenende. Früh um acht Uhr trifft man sich am Bahnhof, die Fahrt nach Quillota soll drei Stunden dauern. Jorge und Rosa sind beeindruckt von der Bequemlichkeit und Geschwindigkeit des Zuges nach Santiago, nicht zu vergleichen mit der rumpelnden Salpeterbahn, in der man auf ständig verschmutzten, harten Holzsitzen durch die Wüste rattert, wo die *chusma,* ein feiner Staub durch alle Ritzen dringt, auf den Zähnen knirscht. Passagiere sind doch auf der Bahn nur ein notwendiges Übel neben dem Hauptgeschäft, dem Transport des *weißen Goldes.*

Der Landsitz der Gastgeber ähnelt den Häusern im Tarapacá-Tal, groß, geräumig, mit einer weiten Veranda, die zur *Siesta* einlädt. Rosa und Jorge werden von ihren Gastgebern verwöhnt, spazieren unter *Paltos,* begutachten das Netz der Bewässerungskanäle, denn das kommt Rosa aus ihrem Tarapacá-Tal sehr bekannt vor, lassen sich den Grillbraten schmecken, der vom *Mayordomo,* dem Verwalter des Hofes, sachgemäß zubereitet wird. Am Sonntag geht man natürlich gemeinsam zur Kirche, sie bildet den Mittelpunkt des kleinen Städtchens, durch dessen Straßen zuweilen der Schnellzug nach Santiago braust.

Auch schöne Tage gehen vorüber. Das Geschäftliche ist erledigt, die *Licencia Marital* ausgefertigt und beglaubigt, an Schroeder's Bank nach London abgeschickt, mit den Vertretern der Reedereien verhandelt, das schöne Grundstück auf dem *Cerro Alegre* von Valparaíso gegen britische Pfund erworben, der Zweck der Reise im großen Ganzen erfüllt.

Abschließend steht nur noch ein kurzer Besuch der Hauptstadt Santiago auf dem Programm. Wieder sitzt das Ehepaar Hilliger-Vernal im Zug, erreicht Santiago nach einer Reise von sechs Stunden – vorbei sind die Zeiten der endlosen Karrenfahrten – steigt für eine Nacht im *Hotel Santiago* an der *Plaza de Armas* ab. Zwar ist Santiago als Landeshauptstadt zumindest laut Statistik etwas größer als Valparaíso, hinterlässt jedoch einen provinziellen, weniger geschäftigen Eindruck, so erscheint es jedenfalls den vom pulsierenden und dem Anschein nach zu urteilen ein wenig toleranterem Leben des Hafens Valparaíso verwöhnten Besuchern.

„Meinst du, Jorge, dass hier die Menschen etwas ruhiger sind, laufen langsamer, stehen auch viel an den Ecken herum, es gibt Kaffeehäuser. Haben die hier nichts zu tun? In Valparaíso scheint mehr los zu sein.“

Auch Jorge kommt dies so vor. Man besucht die *Plaza,* sieht sich trotz stechender Mittagshitze und ohne die gewohnte frische Brise aus der Weite des Ozeans das Präsidentenpalais, die *Moneda,* an und ist eigentlich recht froh, am späten Nachmittag des zweiten Tages die Rückfahrt nach Valparaíso antreten und in dem mit allerlei Bequemlichkeiten eingerichteten Zimmer des *Hotels de Chile* wieder die nächste Nacht schlafen zu können.

Nun fehlt eigentlich nur noch die Teilnahme an der Gründungsfeierlichkeit der Loge „Lessing“. Bruder Hilliger verspricht bald wiederzukommen, denn nach dem Kauf des Hauses auf dem *Cerro Alegre* steht sein Entschluss fest, *hier schlage ich mein Domizil auf und das recht schnell.*

Natürlich benutzen die Freunde in der Hafenstadt die Gelegenheit, den Abreisenden den Abschied durch ausgiebige Feiern schwer zu machen, aber dann, wenige Tage später, wiederholt sich die Szene im Büro der *Pacific Steam Navigation Co.* Valparaíso schreibt den 25. Januar 1877, wie schon einmal vor knapp zweiundzwanzig Jahren steht Jorge Hilliger im Büro der ersten Klasse, kauft

Fahrscheine nach Iquique, jedoch nach diesem Besuch hat ein Gedanke von ihm Besitz ergriffen: *Lange machst du das nicht mehr in der Wüste, in Valparaíso erwartet dich ein Grundstück mit viel Grün und bunten Blumen.*

Der Schraubendampfer *Santiago*, kürzlich erst aus einer britischen Werft nach Südamerika entlassen, legt ab, verlässt Valparaíso am Sonnabend, dem 27. Januar 1877. Es soll für die kommenden Jahre die letzte gemeinsame Reise des Ehepaares Hilliger-Vernal werden.

Luisa, nun vierzehn Jahre alt, entwickelt sich rasch zu einer Schönheit der *Society* von Iquique und des Tarapacá-Tals, wenn da nicht von Zeit zu Zeit Anzeichen einer unerklärbaren Krankheit auftreten würden. Zeitweise ist sie wohlauf und munter, dann wieder vergehen Tage des Unwohlseins, Anfälle, die auf Epilepsis schließen lassen, ein nicht erklärbarer Ausschlag der Gesichtshaut, pulsierende Kopfschmerzen. Selbst Dr. Gonzalez hat keine Erklärung und empfiehlt einen Besuch bei Fachärzten in Berlin oder Wien, obwohl er sich gewiss die Ursache vorstellen kann, denn die schleichende Erkrankung des Vaters ist ihm aus den Unterlagen seines Vorgängers Dr. Bokenham bekannt. Dagegen Jorge Hilliger, verständlicherweise möchte er ungern die Ursache der Beschwerden bei sich suchen, schiebt die Schuld auf die trockene Hitze, den stets in der Luft herumwirbelnden Staub, überhaupt auf das ungesunde Klima der menschenfeindlichen Hochlandpampa und den stetigen Wechsel von der Seeluft Iquiques zur grünen Oase der Tarapacá-Schlucht. Und so überkommt ihn, wie zu erwarten, rasch nach der Rückkehr in Iquique der Gedanke an den eigentlichen Zweck des Erwerbes jenes schönen

Besitztums in Valparaíso und der Entschluss, doch das schnöde Erwerbsleben in Iquique nun endlich aufzugeben und sich auf sein kleines Besitztum im größten Hafen der Pazifik-Küste zurückzuziehen. Sein siebenstelliges Konto auf einer Londoner Bank vermag einen solchen Umzug leicht zu verkraften.

Die Trennung kommt nicht mehr überraschend. Wie bereits hinter vorgehaltener Hand gemunkelt, langsam haben sich Jorge und Rosa an ein zunehmendes Nebeneinander, nicht mehr Miteinander gewöhnt. Vielleicht sollte die gemeinsame Reise nach Valparaíso so etwas wie ein Neuanfang werden, aber die Zeit hat beider Entwicklung überholt. Bestimmt hat Pater Gilberto auch das Seinige dazu beigetragen, die „ketzerische" Hochzeit in Lütau war ihm nie geheuer, obgleich er die Taufe der Tochter Luisa aus einer solchen lasterhaften Verbindung nun doch nicht verweigert hat. Eine großzügige Einlage im Spendenkasten des Heiligen *San Lorenzo* dürfte dabei eine kleine Nebenrolle gespielt haben.

Jorge beginnt, die Konten seiner Frau von seinen zu trennen. Zwar werden seine und die seiner Frau gemeinsam bei H. Schroeder's Bank in London geführt, aber nun hat sie eine *Licencia Marital*, kann also selbst verfügen, im Widerspruch zur peruanischen Rechtsprechung, die das nicht genehmigen würde. Penibel wie es einem hanseatischen Kaufmann gebührt, werden die Posten getrennt, der Frau dort Zinsen gutgeschrieben, wo ihr Geld gewinnbringend angelegt schlummert, Grundstücke ausgetauscht, mit der Gesellschaft *Ceballos y Ugarte* abgerechnet oder manches sogar veräußert. Da alles ohne Ärger und Auseinandersetzungen abgewickelt werden kann, es wird eine gerechte Trennung für beide Teile, bleibt die Möglichkeit offen, auch in Zukunft gemeinsam Geschäfte betreiben zu können. Jorge jedenfalls beschließt, jeden Besitz in Iquique aufzugeben und so schnell wie möglich seinen Wohnsitz nach Valparaíso zu verlegen. Dort erwartet ihn das Haus im Grünen, das es ihm bei seinem letzten Besuch angetan hat.

Tochter Luisa soll den Herrn Papa auf seinem Zug nach Valparaíso begleiten. Vielleicht erwirkt das angenehme Klima der Hafenstadt eine Besserung, auch der Besuch einer besseren Schule als in Iquique überhaupt vorhanden wäre unbedingt empfehlenswert. Das Vorbild ihres Halbbruders Alfonso hat es ja bewiesen.

Der hat es inzwischen zu seiner Aufgabe gemacht, die Finanzen der Stadt Iquique erst einmal übersichtlicher und dann auf eine gesunde Basis zu stellen. Der Erfolg seines Einsatzes führte ihn auf den Posten des Bürgermeisters der Stadt Iquique und auch in dieser Stellung liegt ihm das Wohl der Bürger seiner Stadt mehr denn je am Herzen. Er schafft es, die beim Großfeuer vom 7. Oktober 1875 zerstörten Wohngebiete wieder aufzubauen, unterstützt die Einrichtung eines Krankenhauses und kann seine Mitbürger überzeugen, endlich ein nach modernen Forderungen eingerichtetes Schulgebäude erstehen zu lassen, dafür die Mittel aufzubringen. Ein staatlich organisiertes Steuersystem nach allgemein gültigen Regeln gibt es nämlich noch nicht, Alfonso Ugarte verfährt nach eigenem Wissen und Gewissen, erwirbt sich schon dadurch Anerkennung und Freunde in der Stadt.

Zurück im Tal des Paradieses

Es wird dann doch Ende April 1877. Jorge Hilliger kehrt Iquique endgültig den Rücken, beabsichtigt mit Tochter Luisa in das im Sommer erworbene Haus mit Garten in der chilenischen Hafenstadt Valparaíso zu ziehen. Grundstücke und Besitz an Salpeterwerken oder Schürfrechten in Iquique hat er gut verkaufen beziehungsweise seiner Frau Rosa überschreiben oder dem Stiefsohn Alfonso in Verwaltung übergeben können, den gesamten Hausrat einschließlich der Möbel und Geschirr packt er ein und nimmt ihn mit. Frau Rosa bleibt in Iquique, wenigstens vorläufig, so hat man es besprochen, gemeinsam mit ihrem Sohn Alfonso und der Tochter aus erster Ehe, Isabel Ugarte, verwaltet sie den inzwischen weiterhin kräftig wachsenden Familienbesitz der Ugartes.

Aber so schnell kann sich ein Jorge Hilliger doch nicht vom Geschäft trennen. Gerade beschloss die chilenische Regierung, das Gebiet um den noch recht primitiven, in den ersten Anfängen steckenden Pazifik-Hafen Taltal auf Salpetervorkommen zu untersuchen, ja sogar eine Geldprämie auszusetzen für den, der dort am Fuße der *Cordillera de Domeiko* in der Atacama-Wüste Salpeter findet und das in Mengen, die eine Vermarktung rechtfertigen. Hatte nicht der deutsche Naturforscher in chilenischen Staatsdiensten Rudolfo Amando Philippi Anfang 1854 eine umfangreiche Bereisung des Hochlandes von Taltal vorgenommen und, obwohl er als Anthropologe und Botaniker den Bodenschätzen nur geringe Beachtung zukommen ließ, dennoch aufgrund vorgefundener Gesteinsformationen einen Rückschluss auf das Vorhandensein von Salpeter gezogen, wenn auch mit Vorbehalten? Die in jenen Jahren weit entfernt im Norden, in Iquique und Antofagasta mit großem wirtschaftlichem Erfolg ausgebeuteten Salpeterlager befinden sich ja allesamt auf peruanischen und bolivianischen Staatsgebieten und es wäre doch sehr schön, nun weiter südlich, jenseits des 24. Breitengrades auf chilenischem Territorium auch Salpeter finden und abbauen zu können. Die Landschaft, die Bodenstrukturen, das Klima sind denen der Tarapacá-Wüste gleich und es müsste doch mit dem Teufel zugehen, wenn diese Wüste nicht auch profitable Schätze verbergen würde.

Das Hochland im Hintergrund des im Vergleich zu Iquique doch noch sehr provisorischen Hafens Taltal birgt Kupfer, Gold und Silber, dieses wird schon in primitiven Stollen abgebaut und in noch primitiveren Scheideanstalten verarbeitet. Einzige Verbindung ist ein Maultierpfad durch das Hochland, er wurde bereits in vorkolonialen Zeiten angelegt, windet sich von einer in tiefer Schlucht versteckten Wasserstelle zur nächsten, denn die sind hier selten, sehr selten. Natürlich fühlen sich die von Wind und Wetter gegerbten, rauen Minenbetreiber als Herren des Landes, verfügen über die wenigen Wasserstellen und lassen nicht jeden heran, der an ihren selbsterteilten Privilegien zu rütteln wagt. Aber als nun auch noch von Salpeter die Rede ist, sind sie zwar sofort Feuer und Flamme, aber sich auch bewusst, dass sie ohne fachkundige Hilfe nur geringe Chancen haben, diesen neuen Bodenschatz gewinnbringend abbauen zu können.

Die Dampfer der *Pacific Steam* haben längst den Hafen Taltal in ihre Route aufgenommen. Erneut kommt es zu harten Verhandlungen, aber darin kennt sich Jorge Hillinger aus, hat Erfahrung, eine jahrelange Erfahrung erkämpft gegen ebenso harte Verhandlungsparter in Tarapacá. Im Verein mit seinen Weggefährten aus Iquique, den Herren Fölsch, Martin und Sloman, gelingt es ihm, Verträge mit den Betreibern der Gold- und Silberscheidewerke Andrew Keating und Alfred Quaet-Faslem abzuschließen und zwei zwar schon bekannte, aber noch nicht ausgebaute Salpeterfelder *Guillermo Matta* und *Santa Luisa* in Lizenz zu übernehmen. Sofort wird der Ausbau beider Felder in Angriff genommen, Henry Sloman soll anfangs die technische Leitung übernehmen, denn noch sind umfangreiche Vorarbeiten auszuführen, bis ein zufriedenstellender Produktionsablauf sichergestellt ist. Wiederum ist auch hier der Abtransport zum nächsten Hafen, wie in jenen vergangenen Jahren in Iquique, das größte Problem. Man muss sich vorerst mit einem langwierigen und teuren Transport durch die Wüste auf Maultierkarren behelfen.

Eines aber hat Henry Sloman in Iquique gelernt, nochmals will er sich nicht wieder unzufriedenen und aufständigen Arbeitern entgegenstellen. Obendrein kann er in Taltal sowieso nicht mit billigen Arbeitskräften rechnen, die es erst einmal für geraten halten, sich in einer heißen, fremden Wüste vor den Behörden zu verstecken, ein Umstand, den so mancher Salpaterbaron in Tarapacá auszunützen versteht. Hier ist Chile und hier gelten andere Gesetze, hier gibt es sogar Polizei.

Henry Sloman macht dann sogar noch einen Schritt voran. Sein Vorgehen erzeugt erst einmal Kopfschütteln unter den anderen Unternehmern, denn er sorgt für bessere Unterkünfte seiner Arbeiter, ein wenig Grün auf der *Plaza*, um die sich die Häuser der Bediensteten scharen und stellt in deren Mitte einen kleinen Pavillon auf. Gelegentlich finden nämlich sogar kleine herumtingelnde Künstler- und Schaustellergruppen ihren Weg in die Wüste, das ist jedenfalls neu in Taltal.

Übrigens sollte Alfred Quaet-Faslem uns kein Unbekannter bleiben. Gebürtig in Nienburg an der Weser treibt es ihn schon länger durch das bolivianische und chilenische Hochland. Im grauen, salzverkrusteten Hochland von Atacama, am historischen Pfad von Taltal zum Silberberg Potosí in Bolivien, nennt er das Silber-Scheidewerk, die *Beneficiadora de Metales Cachinal,* sein Eigen, aber noch einträglicher sind die von ihm ausgebeuteten Wasservorkommen in den Tiefen der *Quebradas*, den geradezu senkrecht ins Gestein geschnittenen Schluchten der Wüste, denn Wasser ist hier ein teures Gut, ist fließendes Gold.

Später, um 1880, wird besagter Alfred Quaet-Faslem uns nochmals begegnen, wir finden ihn dann unter den Erbauern der *Taltal Railway Co.*, der Eisenbahn, die das Monopol des Salpetertransports der von Fölsch & Martin, Henry Sloman und anderen betriebenen *Oficinas* übernehmen wird.

Das alles rasch zwischen Iquique und Valparaíso erledigt und kaum in der Hafenstadt angekommen, doch so schnell sollen Jorge Hillinger und Tochter Luisa den aus Iquique bekannten und sich laufend wiederholenden Naturkatastrophen nicht entgehen. Erdbeben, Sturm und Unwetter holen sie geradezu ein. Zwar verursacht das

Erdbeben mit Tsunami vom 9. Mai 1877 keine großen Zerstörungen in Valparaíso, jedoch weiter nördlich an der Küste von Taltal bis hinauf nach Iquique raffen die Fluten des nachfolgenden Tsunamis ganze Haussiedlungen, Hafenanlagen und Salpeterlager hinweg, wieder einmal stehen Menschen, kleine und mittlere Industriebetriebe vor einem Nichts. Allerdings, eine Erklärung für die einem Erdbeben nachfolgende Flutwelle, erst Jahre später als Tsunami bekannt, kennt man in jenen Zeiten noch nicht, und warum nach einem Beben Stunden vergehen, bis eine haushohe Wasserwelle auf die Küste zuschlägt, ist den Anwohnern völlig unerklärlich. Infolgedessen wird ein großer Teil der Bevölkerung getroffen, der nach dem ersten Schreck des Bebens sich an das Aufräumen und Bergen der Bewohner eingefallener Wohnstätten und Lagerhäuser in Küstennähe macht.

Kaum sind nähere Umstände bekannt, die Notlage in den betroffenen Gebieten erkannt – einen Telegraphen nordwärts über Taltal hinaus gibt es noch nicht –, fragt die gerade neugegründete Freimaurerloge „Lessing" nach Hamburger Ritual in Valparaíso nicht lange, erkennt sofort die ihr zustehende Aufgabe in der Hilfe Notleidender, sammelt Hilfsgüter, beladet das Küstenschiff *Abtao* und schickt es auf Reise nach Norden. Bruder Jorge Hilliger ist zwar gerade erst in Valparaíso eingetroffen, also noch gar nicht richtig sesshaft oder wie man unter den deutschen Kaufleuten der Hafenstadt sagt, noch gar nicht *hiesig*, so beteiligt er sich jedoch umgehend an der Aktion, greift tief in die eigene Tasche, begleitet die Hilfstruppe auf ihrer Reise nach Taltal, dort, wo er gerade vor kurzem erst die Salpeterfelder besichtigte. Tochter Luisa muss erst einmal allein bleiben, aber das ist sie gewohnt, als „Tochter aus der Weite einer Wüste" hat sie gelernt, kräftig zuzupacken und trotz ihrer immer wieder zutage tretenden, bislang medizinisch unerklärten Krankheit – manchmal mit großen Abständen – meistert sie den Haushalt in ihren ersten Wochen in Valparaíso. Natürlich helfen ihr die Freundinnen aus den Tagen des Besuches ihrer Mutter, jedoch auch diese können ihr nicht Isabel ersetzen, ihre Halbschwester und liebevolle große Freundin aus Tarapacá, aus der Familie Ugarte. Es war doch immer Isabel, an die sie sich wenden konnte, wenn Mutter Rosa ihren Geschäften nachging.

Erdbeben und Tsunami im Norden halbwegs überstanden, trifft es Valparaíso selbst ein Jahr später. Am 31. Mai 1878 überrascht ein wütender Nordsturm den Hafen, reißt Segelschiffe los, schmettert sie an Land und vollendet dort das Zerstörungswerk. Über hundert Menschen ertrinken in den aufgepeitschten Wellen. Balken, Bohlen, Planken, Masten, Ankerketten liegen, wo einst eine Strandpromenade zum Flanieren einlud. Don Jorge und Tochter Luisa haben Glück, in ihrer noch nicht vollends eingerichteten Wohnung auf dem *Cerro Alegre* entgehen sie dem Unwetter, trotzen der nachfolgenden Regenflut, sehen sich gezwungen, manche Wünsche im neuen Domizil zunächst zurückstellen zu müssen. Selbstverständlich macht sich Jorge auf den Weg, kaum hat das Unwetter ein wenig nachgelassen, um seinen Geschäftspartnern zur Hilfe zu eilen, ihnen beim Wiederaufbau der zerstörten Lagerhäuser zu helfen. Liegt ja auch im eigenen Interesse.

Weiter dagegen blüht in Iquique das Salpetergeschäft, trotz heftiger Gegenwinde aus der peruanischen Hauptstadt Lima, denn eigentlich ohne sichtbaren Grund scheinen den Behörden und besonders den Politikern Besitz und Betrieb der Salpeterfelder im ferner Tarapacá recht suspekt. Da mag der außergewöhnlich große Anteil ausländischer Betreiber eine gewichtige Rolle spielen, südamerikanische Politiker pflegen in solchen Fällen seit jeher von einem übersprudelnden Nationalismus geprägte Bedenken anzumelden. Locken doch die Zahlen, denn immerhin pflegen bei den in einem solchen Zusammenhang entstehende Auseinandersetzungen in der Regel auch kleine Sonderzuwendungen abzufallen.

Im letzten Jahr vor der später unter dem Namen „Salpeterkrieg" bekannten Auseinandersetzung zwischen Chile und der Allianz Bolivien/Peru verlassen sechs Millionen spanischer *Quintales* à 46 kg, also nicht ganz drei Millionen Tonnen, die Häfen Iquique und Pisagua, wirklich, da müsste schon etwas übrig bleiben.

Unter den Verschiffern haben sich jetzt Hermann Conrad Fölsch und Federico Martin zu einem der führenden Unternehmen im südlichen Teil der Provinz Tarapacá emporgearbeitet, bedürfen des Rates ihres ehemaligen Lehrers Jorge Hilliger nicht mehr. Hermann Conrad Fölsch ist im Jahre 1874 sogar einmal kurz nach Hamburg gereist, hat dort seine Jugendliebe Harriet Sloman, die Schwester seines Partners Henry Sloman, geehelicht und sie sogleich nach Iquique entführt, wo sie nun dem größer werdenden Haushalt vorzustehen hat. Wie schon zuvor im Hause Hilliger besteht dieser aus Büro, Wirtschafts- und Wohnräumen der unverheirateten, meist deutschen und englischen Angestellten und dem Domizil des Chefs. Alle sitzen zu Mittag und am Abend am gemeinsamen Esstisch, bis im Jahre 1877, nach der Aufnahme des Taltal-Geschäftes, erst Familie Fölsch und etwas später, 1881, auch Federico Martin endgültig nach Hamburg abreisen, die wenigen Jahre in der Wüste haben ausgereicht, die Konten auf britischen Banken kräftig und zügig wachsen zu lassen. Obendrein kümmert sich ja Henry Sloman in Chile ums Geschäft.

Die Lage in den Hansestädten hat sich inzwischen gewaltig verändert, die Zahl der deutschen Länder vereinigte sich zum Deutschen Reich. Hamburg und Bremen durchlaufen ein nie zuvor erlebtes Wirtschaftswachstum, teilen sich den Strom der auf neuen Seglern hereinkommenden Salpeterfrachten. Noch verhindert der hohe Preis für die Kohlen der Dampfschiffe den Transport des *weißen Goldes* auf den schnelleren und jetzt auch häufig verkehrenden Dampfern, diese Fracht bleibt den Seglern vorbehalten und das bis in die Dreißiger-Jahre des 20. Jahrhunderts.

Es bedarf dann doch keiner langen Zeitspanne, wie zu erwarten macht es sich Jorge Hilliger in Valparaíso trotz Beben und Sturm recht schnell bequem. *Doña* Rosa berichtet von Zeit zu Zeit aus Iquique, Alfonso Ugarte meistert das Geschäft dank der bei Goldfinch & Blühm erworbenen Kenntnisse, ärgert sich über die Chilenen, die er in Erinnerung an die seinerzeit in Valparaíso erlittenen Diskriminierungen und Demütigungen sowieso nicht leiden mag und die neben Engländern und anderen, kleineren Unternehmern von Tag zu Tag stärker

ins Geschäft einsteigen, ihm zu einer unliebsamen Konkurrenz werden. Hinzu steigert sich der Druck aus Lima,
dort weiß man vor Schulden weder aus noch ein und
denkt nun wirklich daran, die gegen Ausgabe windiger
Certificados Salitreros verstaatlichten Salpeterwerke,
aber bislang noch in privater Verwaltung der alten In-
haber, nun durch eine staatliche Behörde weiterführen
zu lassen und die wenigen, die sich der Verstaatlichung
bisher widersetzt haben, über noch höhere Steuern zur
Kasse zu bitten. Wirklich glaubt man derart an die Mittel
zu gelangen, mit denen die Forderungen der britischen
und französischen Gläubiger befriedigt werden könnten. Trotz solcher unerfreulichen Nachrichten aus Lima
überwiegt das peruanische Nationalgefühl, denn, in Anbetracht des alles überrollenden Vorgehens chilenischer
Unternehmer und der in Valparaíso erlittenen Hänseleien
lassen bei Alfonso Ugarte nicht gerade freundliche Gefühle gegenüber Chile aufkommen. Britische und auch
deutsche Unternehmer dagegen erwarten wiederum von
der chilenischen Regierung Unterstützung im Falle einer
drohenden endgültigen Verstaatlichung.

So kann es nicht ausbleiben, im Kopf des jungen Unternehmers Alfonso Ugarte streiten zwei Dämonen: Hier
die drohende Gefahr einer staatlichen peruanischen *Expropiación*, einer endgültigen entschädigungslosen Enteignung seiner Salpeterfelder, denn die Ausgabe ungedeckter
staatlicher *Certificados* kommt doch einer Verstaatlichung
gleich, dort die Erinnerung der in Valparaíso erlittenen
Demütigungen durch seine chilenischen Kommilitonen.
Man darf es ihm wohl nicht verdenken, Alfonso Ugarte
entscheidet sich für Peru, lehnt Angebote chilenischer

Geschäftsfreunde aus Valparaíso ab, im Falle einer kriegerischen Auseinandersetzung sein Vermögen in Valparaíso oder gar in England oder Frankreich in Sicherheit bringen zu lassen.

Tochter Luisa, sie zählt nunmehr sechzehn Lenze, führt den Haushalt in Valparaíso, selbstverständlich mit Unterstützung von erfahrenem Personal, leidet sie doch immer wieder an plötzlich auftretendem Unwohlsein, Entzündungen der Gesichtshaut und epileptischen Anfällen, die ohne jede Vorwarnung auftreten und ebenso schnell wieder abklingen. Wie auch schon in Iquique geschehen, raten Dr. von Dessauer von dem wenig zuvor gegründeten Deutschen Hospital zu Valparaíso und der stets bereite Dr. Piderit zu einem Besuch bei Fachärzten in Berlin und Wien. Hier am grünen Hang des *Cerro Alegre* hat Luisa ihre Begeisterung an einem schönen Blumengarten entdeckt. Auf dem ausgedörrten Sand von Iquique gab es dafür ja nicht die geringste Möglichkeit, jetzt aber hegt und pflegt sie diesen zur Freude ihres Vaters und dessen Besucher, die teils aus alten Zeiten, teils auch aus der Gegenwart sich gern des Johanngeorg Christian Hilliger aus Lauenburg erinnern. Jedenfalls mangelt es nicht an Abwechslung und das trotz der Ferne vom täglichen Geschäft. Der Hafen hat von Natur aus viel zu bieten, Einladungen flattern ins Haus, alte Bekannte aus den Tagen des *jour fixe* melden sich, das *Instituto Alemán* und auch die Deutsche Schule zu Valparaíso bieten Kurse an, um die doch reichlich prekären Deutschkenntnisse von *Señorita* Luisa auf einen grammatikalisch verträglichen Stand zu bringen.

Das Wohlbefinden der Familie Hilliger in Valparaíso macht seine Runde im In- und Ausland und so darf man sich nicht wundern, dass eines Tages, indessen nicht ganz unerwartet, ein Brief aus der Schweiz, aus Neuchatel, eintrifft.

„Lieber Onkel Georg. Ich lebe seit über einem Jahr in Neuchatel in der Schweiz, um hier die französische Sprache zu erlernen. Englisch hatte ich schon in Hamburg gelernt. Nun möchte ich zurück nach Chile, dorthin, wo ich geboren bin ...“

Nach Neuchatel also hatte sich Renata Hilliger, älteste Tochter des im Jahre 1869 im Hause des Jorge Hilliger in Iquique verstorbenen Vetters Wilhelm Hilliger, verzogen. Mit der neuen Ehe ihrer Mutter Emilia Mestern, verwitwete Hilliger, aus Santiago mit dem Hamburger Schiffsmakler Friedrich Wilhelm Schwarze kommt sie nicht klar, zieht also erst einmal in die Schweiz, um die französische Sprache zu erlernen, denkt aber nun, trotz der vor Jahren erlebten Widerwärtigkeiten voller Sehnsucht an Chile, an das Land, in dem sie bis zu ihrem siebzehnten Lebensjahr gelebt hat. Selbstverständlich ist man im Haus Hilliger in Valparaíso gern bereit, die Nichte aus Neuchatel kommen zu lassen, wird sie doch bestimmt eine gute Gesellschaft für Luisa sein. Der Altersunterschied von nicht ganz zehn Jahren sollte kein Hindernis sein, hat Luisa doch schon in Iquique bewiesen, ein inniges Verhältnis zu ihrer viel älteren Halbschwester Isabel pflegen zu können. Also Befürchtungen gibt es nicht, besonders da die beiden jungen Damen die gleiche Freude an Blumengärten hegen, wie man bereits von Renata weiß. Zudem muss sich Don Jorge eingestehen, dass es für ihn als Mann doch nicht so einfach ist, mit den Problemen einer jungen, heranwachsenden Frau fertig zu werden. Also geht ein Telegramm an die Nichte in Neuchatel: „Komme so schnell du kannst!"

Renata Hilliger trifft Mitte 1880 in Valparaíso ein, zur Freude ihrer Cousine Luisa und oft kann man die beiden jungen Damen beim Stadtbummel im Zentrum entdecken, während Onkel Jorge seinen Geschäften nachgeht.

Doch lang wird ihr Aufenthalt in der Hafenstadt nicht währen, denn bald nach ihrer Ankunft meldet sich aus Taltal Henry Sloman im Haus auf dem *Cerro Alegre* an. Es wird Liebe auf den ersten Blick. Ende des gleichen Jahres schifft sich Henry Barends Sloman mit Renata Hilliger in Richtung Hamburg ein, dort treten sie im Februar des Jahres 1881 vor den Altar.

Krieg am Pazifik

Ursprünglich in Europa wenig wahrgenommen, hat sich allerdings die Lage in Iquique gewaltig verschlechtert, denn seit Februar des Jahres 1879 Jahr herrscht Krieg zwischen Chile, Bolivien und Peru. Chilenische Truppen sind in Antofagasta gelandet, haben den von Bolivien beanspruchten Teil des Departements *Litoral* nördlich des 24. Breitengrades besetzt, sind weiter bis zu den Kupferminen von Calama vorgestoßen. Die zahlenmäßig unterlegene bolivianische Garnison musste sich unter Verlusten ins Hochland zurückziehen. Warum?

Man sollte es eigentlich gar nicht für möglich halten. Jahre hindurch hatten sich die beiden aus dem alten spanischen Vizekönigreich hervorgegangenen Staaten Peru und Alto(Hoch-)Peru, unmehr Bolivien, gegenseitig das Leben durch kleine Kriege erschwert, aber nun praktisch über Nacht einen geheimen militärischen Beistandspakt geschlossen, so geheim, dass ihn sogar die Spatzen in Santiago de Chile von den Dächern pfeifen.

Ein geheimes Abkommen, gegen wen? Da käme doch nur Chile in Frage. Ohne Zweifel weiß man in Lima und La Paz von chilenischen Ansprüchen, denn es sind chilenische Unternehmer, die in den bolivianischen und peruanischen Gebieten an der Pazifik-Küste gewinnbringende Unternehmen betreiben, einst beschränkt auf die Ausbeutung von Kupfer-, Silber und Goldvorkommen, seit kurzem auch auf den Abbau von Salpeter. Die ständige Finanzmisere der Andenstaaten Peru und Bolivien treibt wundersame Blüten, nun möchte man die chilenischen – und damit auch gleich die übrigen ausländischen – Unternehmen mit Sondersteuern belegen, um so den Staatshaushalten neue Einnahmen zu verschaffen. Kein Wunder, dass die Unternehmen die Zahlungen verweigern, ihnen mit Zwangsversteigerung gedroht wird und man sich hilfesuchend an Chile wendet.

Lima schickt einen Unterhändler nach Santiago, aber dem bleibt der Erfolg versagt, denn in Santiago weiß man von dem „geheimen" Pakt, ist sogar im Besitz einer Kopie. Jetzt heißt es: Mitgegangen, mitgefangen, mitgehangen. Nach der Besetzung des Gebiets um Antofagasta rüstet man sich demnach für die Fortsetzung des Krieges, nun gegen Peru, die ertragreichen Salpeterfelder von Tarapacá locken.

Mit dem Ziel, die peruanische Regierung von dem Fluss der dringend benötigten Gelder aus dem Salpeterexport für die Ausrüstung ihrer Armee und den Kauf von Waffen abzuschneiden, befiehlt die chilenische Kriegsführung, den Hafen von Iquique zu blockieren und gerade vor Iquique kommt es dann im Mai 1879 zu einer Seeschlacht zwischen der chilenischen leichten Korvette *Esmeralda* und dem peruanischen Panzerschiff *Huascar* – uns noch aus den Vorfällen in Valparaíso im Jahre 1866 bekannt. Die *Esmeralda* wird gerammt und versinkt, der Großteil ihrer Besatzung erleidet den Tod, wenige können sich an Land retten. Der Kommandant des chilenischen Schiffes stirbt im Kampf, seine Leiche wird geborgen und findet eine erste Aufbahrung in der von Juan Gildemeister gegründeten Feuerwache Nr. 2 *Bomba Germania*.

Wie man sieht und hört, alles in allem keine sehr erfreulichen Aussichten für die peruanische Verwaltung in Iquique. Chilenische Staatsbürger, jetzt Feinde, werden der Stadt verwiesen, sehen sich gezwungen, in den verlassenen Silberstollen von *Huantajaya* in der Wüste ihre Quartiere aufzuschlagen, alle übrigen Ausländer warten in der Stadt die Entwicklung ab.

Alfonso Ugarte, eingedenk der erlittenen Demütigungen in Valparaíso, ergreift nun endgültig Partei für Peru. Zwar hatte er zu Beginn des Jahres 1879 beabsichtigt, eine längere Geschäftsreise über die neue Verbindung von Panama nach Paris anzutreten und nach seiner Rückkehr seine Cousine Timotea Vernal zu heiraten, jetzt aber sagt er die Reise ab, stellt aus Arbeitern seiner Unternehmen und anderen waffenfähigen Männern aus Iquique und der

Provinz ein Bataillon von vierhundertdreißig Soldaten und vierzig Offizieren zusammen – unter diesen auch einen oder zwei ehemalige Berufsoffiziere der Napoleonischen Armee, die nach der verlorenen Schlacht von Waterloo ihr Glück in Südamerika suchten – und rüstet die Soldaten aus eigenen und Mitteln seiner Mutter Rosa Vernal de Hilliger aus. Nach einer kurzen und reichlich oberflächlichen militärischen Ausbildung unterstellt er die Truppe als Bataillon *Iquique No. 1* dem peruanischen General Juan Buendía, ihm selbst wird der Rang eines Obersts verliehen.

Nachrichten aus Iquique treffen in Valparaíso mit drei bis vier Tagen Verspätung ein, einen direkten Telegraphen über diese große Entfernung gibt es noch nicht, der Umweg über Callao ist jetzt gesperrt. Im Haus zwischen den Gärten auf dem *Cerro Alegre* sorgt man sich natürlich über das Schicksal der Familie in Tarapacá. Jorge Hilliger schwankt in seinen Gefühlen zwischen Peru und Chile. Da wäre erst einmal Peru, denn dort hat er, ohne Zweifel unter Ausnutzung einer laschen und oft korrupten Verwaltung, sein Geld gemacht, und dann Chile, dessen mehr auf Ordnung gerichtete Regierung deutlich mehr seinem hanseatischen Empfinden entgegenkommt. Inzwischen sind es aber nun Federico Martin und Henry Sloman, die sich unter den veränderten Verhältnissen in der peruanischen Provinz Tarapacá zurechtfinden müssen, als Nicht-Chilenen wird ihnen gestattet in Iquique zu bleiben.

In Valparaíso beherrschen Truppenverladungen das Stadtbild. Soldaten lagern auf den Straßen, warten auf Einschiffung. Richtung Norden soll es gehen, aber einen

Zielhafen kennt man nicht. Die von der chilenischen Armee in der Folge angewendete Strategie zeigt offensichtlich, dass ihr bessere Führungsoffiziere zur Verfügung stehen. Die wissen, dass eine erfolgreiche Landung mit gut organisiertem Nachschub Grundbedingung für einen Vormarsch durch eine menschenfeindliche Wüste ist und demzufolge besetzt die chilenische Armee als Erstes im November 1879 den Hafen von Pisagua nördlich von Iquique – entgegen den Erwartungen der Peruaner, die mit einer Landung in Iquique rechneten – und rückt von dort in Richtung Süden vor. Dafür kann sie die Eisenbahn, die Salpeterbahn nutzen. Vergeblich versuchen Einheiten der peruanischen Armee sich dem Vormarsch der Chilenen in Gefechten wie denen der *Quebradas*, den tiefen und schroffen Schluchten von *Dolores* und *San Francisco*, entgegenzustellen, werden jedoch zum Rückzug gezwungen, bauen schließlich eine Verteidigung in der Schlucht von Tarapacá auf. Hier war Alfonso Ugarte einst zu Hause, hier hat er seine Kindheit verlebt, hier ist ihm jeder Baum und jeder Weg vertraut. Er weiß, ohne Wasser, Verpflegung und frische Luzerne für Pferde und Maultiere aus der Tiefe des Tales ist die chilenische Armee verloren, kann eine Besetzung von Iquique noch verhindert werden.

Es gelingt der peruanischen Truppe unter Alfonso Ugarte, eine durch harte Eilmärsche unter unbarmherziger Wüstensonne halb verhungerte und verdurstete chilenische Truppe bei ihrem Vordringen in die fruchtbare Oase von Tarapacá aufzuhalten, sogar als Sieger aus dem Gefecht hervorzugehen, doch der plötzliche unerklärbare Abzug der bolivianischen Verbündeten zwingt die Peruaner, ihre Stellungen aufzugeben und noch in der gleichen Nacht nach Norden abzurücken. Ihr Kommandeur, Alfonso Ugarte, Oberst seiner Einheit, unter Malaria und einer Kopfverletzung leidend, die ihm große Schmerzen verursachen, ihn aber nicht davon abhalten, an der Spitze seiner Soldaten durch die Wüste in Richtung Arica abzumarschieren.

Völlig verausgabt, am Ende seiner Kräfte, unter Verlust von Waffen und Material, nach einem zwanzig Tage währenden Eilmarsch unter unbarmherzigen Bedingungen kommt das Bataillon *Iquique No. 1* in Arica an, unterstellt sich dort dem kommandierenden peruanischen Oberst Bolognesi.

Verständlich, nach Herkunft und den in Valparaíso erlittenen Demütigungen hat der in Iquique zurückgebliebene Teil der Familie Hilliger-Vernal Partei für Peru ergriffen. Mutter Rosa steuerte kräftig zur Ausrüstung des Bataillons *Iquique No. 1* ihres Sohnes Alfonso bei, entgegnet auf die Vorbehalte von Freunden und Nachbarn, ihren Sohn doch von der Teilnahme an der kriegerischen Auseinandersetzung mit Chile abzuhalten, in Anbetracht der bevorstehenden Ehe mit ihrer Nichte Timotea dem Sohn Alfonso gut zuzureden, mit den Worten:

Wer wird die Ehre der Nation retten?
Wer wird verhindern, dass eine verwilderte und
hemmungslose Soldateska in unsere Häuser ein-
dringt und unsere Frauen ihrer Ehre beraubt?
Mein Sohn wird auf seinem Posten aushalten,
solange es einen Flecken dieser Erde zu verteidi-

gen, einen Feind anzugreifen und eine Waffe gibt,
die gegen einen niederträchtigen Bruder zu rich-
ten ist, der uns in diesen Krieg gezwungen hat.
Mein Sohn ist vor allem Peruaner und wird sei-
ne Pflicht erfüllen.
Ich, seine Mutter, werde nichts anderes tun, als
ihn in seiner Begeisterung zu stärken und um ihn
zu weinen, wenn das Schicksal ihn mir nimmt.

Tochter Isabel steht dem nicht zurück. Gemeinsam mit
ihrer Mutter – die sich unter den neuen Umständen nach
altspanischem Gebrauch Rosa Vernal Carpio nennt, sie lebt
ja de facto getrennt von ihrem Mann, wenn auch nicht de
jure, denn das gibt es in Südamerika nicht – und anderen
Frauen richten sie ein Hospital für verwundete Soldaten
ein. Ohne Rücksicht, auf welcher Seite diese gekämpft haben, werden sie behandelt, verarztet und versorgt. Besonders erwähnenswert ist unter ihren Helferinnen Carmen
Reyes, bekannt als *Marta la Cantinera*, eine einfache Frau
aus dem Volk, die unter Kugelhagel inmitten der ärgsten
Feuergefechte auf den Schlachtfeldern Verwundete birgt
und sie in das Lazarett bringt, über dem die Fahne des
Roten Kreuzes weht. Keinem ist bewusst, in jener weiten
Wüste, was dieses Zeichen bedeutet, noch ist die Kunde
der Genfer Konvention nur unvollständig an diese ferne
Küste des Pazifiks gelangt, noch weiß man nicht, dass
eine peruanische Sektion des Roten Kreuzes bereits im
Mai 1879 in Lima gegründet wurde.
  Eines Tages, der chilenische Admiral Patricio Lynch
besucht das improvisierte Lazarett in Iquique und fordert

eine bevorzugte Behandlung der verwundeten chilenischen Soldaten, doch da stößt der chilenische Offizier auf den Charakter einer Frau aus der Wüste von Tarapacá, denn Mutter Rosa Vernal entgegnet ihm schroff:

„Alle hier sind ohne Unterschied Söhne ihrer Mütter, hier werden alle gleich behandelt.“

Dem hat der Admiral nichts entgegenzusetzen, ihm bleibt nichts weiter übrig, als wortlos das Hospital zu verlassen.

Von all dem erfährt Jorge Hilliger in Valparaíso nur einen geringen Teil und den weit verspätet und natürlich, da aus chilenischer Quelle, entsprechend zensiert. Voller Sorge berät er mit Luisa und Renata das Wenige, was nach Valparaíso dringt, von seiner Frau, Isabel und Alfonso fehlt jede Nachricht. Über die Offiziere der in Valparaíso einlaufenden Schiffe erhofft er Nachrichten aus dem Kriegsgebiet zu erhalten.

Man mag es kaum für möglich halten, die Dampfer der *Pacific Steam Navigation Co.* verkehren nach wie vor nach alten Regeln. Großbritannien nimmt ja offiziell nicht am Krieg teil, seine Schiffe bleiben neutral, wenn auch den Schüssen und Granaten der Kriegsteilnehmer ausgesetzt. Es treten Veränderungen im Fahrplan, Verspätungen und eventuell Umdisponierungen auf, gelegentlich wird dieser oder jener Hafen vorübergehend nicht angelaufen, ansonsten läuft alles weiter wie im tiefsten Frieden. Im Büro der *Linea Inglesa* heißt es *quite british*.

„Das ist eine militärische Auseinandersetzung zwischen Chile, Bolivien und Peru, damit haben wir nichts zu tun“, als ob nicht auch einmal eine Granate auf ein Schiff der P.S.N.C. fallen könnte.

Es wird Anfang 1881, bis zuverlässige Nachrichten aus Iquique eintreffen, nur der Tod von Alfonso bei der Verteidigung des Felsens, des *Morro de Arica,* ist kurz nach der Besetzung des Hafens Arica in Valparaíso bekannt geworden. *Doña* Rosa mit Tochter Isabel dagegen haben den Krieg bislang persönlich unbeschadet, wenn auch unter vielerlei Verlusten überstanden, die denen der Plünderungen und Beschlagnahmungen durch die siegreichen chilenischen Truppen hinzuzuzählen sind. Indessen, auch die eigenen Landsleute, die Peruaner, haben sich in dieser Hinsicht nicht zurückgehalten. Krieg ist eben Krieg, man nimmt, was man kriegen kann.

Es dauert gar nicht lang und das Salpetergeschäft kommt wieder in Gang. Die Unternehmen, die unter die Enteignungen oder gegen die Ausgabe von ungedeckten peruanischen Zertifikaten gefallen waren, werden von der chilenischen Besatzungsmacht ihren früheren Besitzern zurückerstattet, beziehungsweise die fragwürdigen Zertifikate durch die neuen Machthaber gegen britische Pfund eingelöst, mit der Auflage, einen Teil der Zertifikate selbst zu übernehmen oder gleich ganz als Verlust abzuschreiben. (Ist es reiner Zufall, dass die gleichen britischen Banken, die den Peruanern Kredite verweigerten, nun recht großzügig auf Anfragen der Chilenen reagieren?)

Schnell beginnen die Schornsteine wieder zu rauchen, die mit *Caliche* beladenen Lorenzüge zu rasseln. Nur den peruanischen Unternehmen wird eine Wiederaufnahme der Geschäfte verboten, nicht etwa durch die neuen chilenischen Machthaber, nein, sondern durch die peruanische Regierung im noch nicht besetzten fernen Lima, die es ihren Landsleuten untersagt, für die Chilenen zu arbeiten, denn mit Recht muss sie befürchten, die Erlöse könnten in die Taschen der Besatzer fließen. Da aber auch Peruaner leben wollen, widersetzen sich viele *Tarapaqueños* dieser Anordnung, besonders wenn sie nicht über Besitztum verfügen, das im noch nicht von chilenischen Truppen besetzten peruanischen Gebiet liegt und auf das die Regierung in Lima noch Zugriff hat, an dem sie sich schadlos halten könnte. Fernando Corssen, der Verwalter der *Salpeter-Oficinas* des Hauses Gildemeister aus Lima löst das Problem auf seine Weise: Er lässt das Salpeter von den neuen chilenischen Behörden beschlagnahmen, kann es so verkaufen, schiebt die Schuld den Chilenen zu und umgeht damit die Weisungen aus Lima.

Die militärische Besetzung des Hafens Iquique durch chilenische Truppen ist im Jahre 1881 abgeschlossen. *Doña* Rosa Vernal Carpio, verwitwete Ugarte – wie sie sich jetzt nennt –, ist das Auftreten der Besatzer und Sieger zuwider, verkauft, was zu verkaufen möglich ist, löst Verträge, überträgt die Verwaltung ihres sonstigen Besitzes ihrem Vetter Juan Vernal y Castro, der jetzt als Teilhaber der Firma Ceballos y Ugarte auch einen Teil des Erbes des im Kampf um Arica gefallenen Alfonso Ugarte übernimmt. Die Abwicklung der Abschlüsse und Übertragungen nimmt gewisse Zeit in Anspruch, darunter fällt auch der Streit um die Enteignung eines Besitzes des im Kampf gefallenen Alfonso Ugarte, das als „Feindeigentum" von den chilenischen Behörden zunächst erst einmal *confisciert* wurde. Schließlich können sich *Doña* Rosa und Tochter Isabel über Arica nach Arequipa im „feindfreien" Teil von Peru absetzen. Tochter Isabel verfährt ähnlich, sie beerbte ihren gefallenen Bruder und hat auch sonst noch einen gewaltigen Umfang von Beteiligungen an Salpeterwerken und -feldern sowie Grundstücken in Iquique, Pisagua und Lima irgendwie „an den Mann" zu bringen, was ihr nicht in allen Fällen gelingt und nach Ablauf einer gewissen „Schonfrist" sogar eine Rückkehr nach Iquique erfordert. So manches wertvolle Grundstück in Iquique und Lima wird ganz einfach aufgegeben beziehungsweise seinem Schicksal überlassen, ist achtzig Jahre später Grund für Prozesse, Enteignungsvorhaben und sogar politische Auseinandersetzungen. Dennoch bleibt immer noch genug übrig, um Isabel ein sorgenfreies Leben irgendwo in der Welt zu sichern.

Über Arica, Arequipa, Lima und Callao setzen sich Mutter Rosa und Tochter Isabel im Jahre 1883 ab, gelangen auf Umwegen nach Valparaíso, um von dort gemeinsam mit ihrem – inzwischen wieder versöhnten – Ehemann Jorge Hilliger und Tochter Luisa die Reise nach Hamburg zu planen, denn als Erstes hat Don Jorge natürlich Hamburg als neue Bleibe im Auge. Das geht allerdings nicht so schnell und reibungslos, denn, abgesehen von Möbeln und Hausrat, der als Gepäck mitreisen soll, bringt *Doña* Rosa Einwände vor:

„Ich möchte in einem Land leben, das nicht so kalt und nass ist wie dein Hamburg und wo Spanisch gesprochen wird, denn ich kann keine andere Sprache. Also, du kannst ja erst einmal nach Hamburg ziehen, aber dann suchst du schnell etwas Besseres!"

Inzwischen schweigen die Kanonen an der südamerikanischen Pazifik-Küste. Iquique und die Provinz Tarapacá werden durch einen Vertrag, unterzeichnet in Ancon/Peru im Jahre 1883, endgültig von der Republik Peru an die Republik Chile abgetreten. Chile verpflichtet sich, dem Staat Peru eine Abfindung in Höhe von zehn Millionen Pesos chilenischer Währung für die abzutretenden Gebiete zu zahlen und dergestalt Peru in die Lage zu versetzen, zumindest einen Teil der Schulden bei Londoner und Pariser Banken begleichen zu können, so fließt das Geld der Londoner Banken gleich wieder zurück dahin, wo es hergekommen ist. (N.B. Zehn Millionen Pesos chilenischer Währung entsprechen im Jahre 1883 ungefähr vierzig Millionen Goldmark.)

Die in der Provinz Tarapacá ansässigen Peruaner dürfen ihre Staatsangehörigkeit und ihren Besitz behalten.

Im Handumdrehen kommt wieder richtig Schwung in das Salpetergeschäft. Zwar sind die einstigen „Lehrlinge" des Hauses Hilliger, die Herren Fölsch, Martin und Sloman, wohl ausgestattet längst nach Hamburg abgereist, doch ihre Stellvertreter vor Ort verstehen, die Geschäfte gewinnbringend fortzusetzen, wenn auch unter veränderten sozialpolitischen Verhältnissen.

In Valparaíso, auf dem *Cerro Alegre*, feiert die Familie Hilliger-Vernal ein frohes, wenn auch nicht in Euphorie ausuferndes Wiedersehen, denn bald heißt es noch einmal Abschied zu nehmen. Endgültig Abschied von einer grauen, in endlosen Weiten sich verlierenden, eintönigen Wüste, deren Schätze im Boden neue wagemutige Entdecker locken und dem Puls einer der lebhaftesten Häfen der Pazifik-Küste, wo hunderte von Masten der auf Reede liegenden Schiffe den Horizont begrenzen. Es ist die Stadt der ersten Effektenbörse an der Pazifischen Westküste, der Treffpunkt der Unternehmer aus den einst verfeindeten Staaten Chile, Bolivien und Peru. Man trifft sich bei *jours fixe*, im Theater, sonntags in oder noch besser vor der Augustiner-Kirche oder bei Familienfesten auf einem der kleinen Hügel, die die Stadt umrahmen.

Zu erwähnen ist noch, dass in diesen Jahren spiritistische Sitzungen eine große Rolle im gesellschaftlichen Leben Chiles spielen, sowohl diese als auch das Aufkommen verschiedener Freimaurerlogen der unterschiedlichsten Riten sind Zeugen einer Zeit, als der Wunsch nach dem Sinn oder Gewicht des Lebens einen großen Raum in der Gedankenwelt der Bewohner einer aufstrebenden Hafenstadt wie Valparaíso einnehmen. Familie Hilliger steht mitten in diesem Umfeld des endgültigen Umbruchs aus einer nachkolonialen, stark von traditionellem katholischem Gedankengut geprägt. Jedoch, neue Ideen haben sich festgesetzt, rütteln an den Fundamenten althergebrachter Vorstellungen aus der Zeit der spanischen *Conquistadores*, denn noch sind es ihre Erben, die in der Gesellschaft den Ton angeben, wenn auch gezwungen unter Aufgabe mancher alten Tradition. Mitteleuropäische, im Strom des Handels eingereiste Einwanderer tragen die Verantwortung, lassen neue Ideen in die Gesellschaft eindringen, ganz im Gegensatz zu der eigentlichen Hauptstadt Santiago, wo man neuem Gedankengut mit ablehnender Skepsis begegnet.

Nichtsdestotrotz, Jorge Hilliger zieht es zurück in die alte Heimat im nun vereinten Deutschen Reich, wenn auch wiederholt *Doña* Rosa Widerstand äußert, denn in eine nasskalte Umgebung zieht es sie nun gar nicht. Gepäck und Hausrat verlassen erst einmal Valparaíso über Magallanes in Richtung Hamburg.

Es wird Mitte 1883, Familie Hilliger tritt in Valparaíso auf einem „Steamboat" der *Pacific Steam Navigation Co.* die Reise in Richtung Europa an, lässt Isabel in Chile zurück, denn noch bedingen unerledigte geschäftliche Vorhaben ihrer Anwesenheit. Über Panama und weiter mit einem Dampfer der *Royal Mail* nach Liverpool geht die Reise, von Liverpool nach Hamburg ist es ja dann nur noch ein Katzensprung. Jedenfalls trifft man zwar leise schwankend, aber doch recht erholt nach einer komfortablen Überfahrt in der ersten Klasse an der Elbe an. Es ist die Rückkehr eines mit Erwartungen geladenen *approbierten hanseatischen Kaufmanns*, der am 5. Oktober 1853 auf Fregatte *Hindostan* einen Schritt aus den historisch mit allerlei Vorrechten und Vorbehaltungen behafteten *Contors* einen Schritt in eine ungewisse Zukunft wagte.

BARCELONA

Zurück an der Elbe

Hamburg zeigt sich nicht gerade freundlich, empfängt die Reisenden aus Chile im Sommer 1883 mit tiefhängenden dunklen Wolken, Regen und Temperaturen unter siebzehn Grad, allerdings sagt man hier vierzehn Grad Reaumur, denn so wird in diesen Tagen gemessen. Nicht gerade das beste Wetter für eine Familie, die Monate zuvor das erdrückend trockene, subtropische Iquique verlassen hatte. Übrigens soll das Jahr 1883 später in die Geschichte als das Jahr „ohne Sommer" eingehen. Wie schon damals beim ersten Besuch vor dreiundzwanzig Jahren fühlt *Doña* Rosa sich nicht heimisch in dieser Hafenstadt, deren pulsierendes Leben das des Hafens Valparaíso weit übertrifft und das schon hatte sie doch recht lebhaft befunden, vom peruanischen Callao einmal ganz zu schweigen. Mit der Familie erreichen neunzehn Kisten Hausrat die Stadt an der Elbe, nun heißt es erst einmal diese einzulagern, während die Hilligers in einem Hotel Wohnung nehmen.

Ganze zweiunddreißig Jahre sind vergangen, seit der gerade *approbierte hanseatische Kaufmann* aus Salzwedel Johanngeorg Christian Hilliger mit gespannten Erwartungen das Hamburger *Contor* der Agentur Godeffroy betreten hatte, eigentlich nur um einmal anzufragen, ob überhaupt eine Reise nach Chile im Bereich seiner bescheidenen Möglichkeiten liege und welche Zeit er dafür veranschlagen müsse. Ein gestandenes Mannsbild ist unterdessen aus ihm geworden, die jugendliche Erscheinung jener Jahre ist der Gestalt eines würdigen Konsuls des Deutschen Reiches gewichen, eine unbarmherzige tropische Sonne der Tarapacá-Wüste hat ihre Spuren im einst blassen Gesicht hinterlassen, Haar und der immer noch gepflegte Lippenbart die graue Farbe eines Mannes angenommen, der die Wirren des Überlebenskampfes in einem feindlichen Klima kennengelernt hat. Geblieben ist der aufrechte Gang, Zeichen eines Herrn und Gebieters über die weiten *Estacas* der Salpeterfelder.

„Als Erstes und Wichtigstes müssen wir uns wohl um unsere Tochter Luisa kümmern."

Verständlich, dass *Doña* Rosa um die Gesundheit ihrer Tochter bemüht ist, die Geschäfte ihres Mannes haben dem zurückzustehen.

„Die Ärzte in Iquique und Valparaíso hatten schon früher zu Besuchen bei Fachärzten in Berlin und Wien geraten. Da wir nun hier sind, lass uns so schnell wie möglich nach Berlin fahren, man hatte uns doch dort einen guten Facharzt empfohlen."

Trotz langer Trennung, bedingt durch den Aufenthalt des Mannes in Valparaíso und den Krieg um die Salpeterwüste, vergessen hat Rosa das Leiden von Luisa nicht, obwohl es sich während der Überfahrt von Valparaíso über Panama und Liverpool kaum gemeldet hat.

Zunächst jedoch beanspruchen Besuche bei Geschäftsfreunden und Banken die Zeit der Zugereisten, auch die neugegründete Reederei des ehemaligen Prokuristen Hermann Fölsch aus Iquique darf natürlich nicht feh-

220

len auf der Liste der neuen Hamburger Freunde. Es sind Tage der Erinnerungen an gemeinsame Unternehmen, an den ständig rieselnden staubigen Sand der *Paradas* und der *Oficinas*, an Stunden des Schaffens und des Alleinseins unter einem sternenklaren Himmel bei bitterer nächtlicher Kälte.

Alsdann aber beginnt die Suche nach einem Ort, dessen Klima den Trockenheit und Hitze gewohnten Angereisten aus der Wüste zuspricht, zudem wünscht *Doña* Rosa, wie schon wiederholt geäußert, einen Aufenthalt in einem Land, dessen Sprache sie spricht. So käme wohl nur Spanien in Frage.

Schließlich aber nimmt dann doch erst die Gesundheit der Tochter Luisa die Familie voll in Anspruch. Anders als in Südamerika gewohnt, ist das Reisen über größere Entfernungen in Europa inzwischen sehr bequem geworden, alle wichtigen Städte sind rasch mit der Eisenbahn zu erreichen, auch das Angebot an Hotels entspricht den Wünschen einer anspruchsvollen Gesellschaft.

Führende Ärzte in Berlin und sogar in Wien werden besucht, zwar können sie eine vorübergehende Linderung erreichen, eine Erkennung oder gar endgültige Heilung jedoch weder versprechen geschweige denn erzielen. Alle stehen vor einem Rätsel, alldieweil die Anfälle ja stets periodisch auftreten, dann aber wieder Monate hindurch kaum Anzeichen erkennen lassen. Gerade ist in Berlin die Gesellschaft für Epileptologie im Entstehen, man nutzt den Aufenthalt, sich dort belehren zu lassen, eine Heilung kann jedoch auch hier nicht in Aussicht gestellt werden. Noch weiß man zu wenig, gelehrte Professoren schütteln die Köpfe:

„Ja, wir sind gerade erst dabei, den Ursachen der epileptischen Anfälle auf den Grund zu gehen. Die Anfälle treten in großen Abständen auf, ohne Vorwarnung und daher ist es sehr schwierig, eine Studie über einen größeren Zeitraum anzusetzen. Wenn Sie länger in Berlin bleiben könnten, gäbe es vielleicht im Verlauf der Zeiten die Möglichkeit einer gründlichen Untersuchung."

Nun, gerade an einem längeren Aufenthalt in Berlin, bei diesem Wetter, hat die Familie kein Verlangen. Aber vielleicht versuchen wir es noch einmal in Wien.

In allen diesen Tagen, Wochen und Reisen ist Luisa zu einer jungen Frau herangewachsen, die in Hamburger, Berliner und Wiener Salons Eindruck erweckt. Man reist viel umher, die Adressen auf Briefbögen und Abrechnungen lassen auf vornehme und herrschaftliche Hotels einer gehobenen Preisklasse schließen.

Selbstverständlich besucht Hansgeorg Hilliger auch Lauenburg, erkennt so manchen aus der Familie und an die er sich noch erinnern kann, er berichtet seinen Freunden der Salzwedeler Loge „Johannes zum Wohle der Menschheit" über die Gründung der Loge „Lessing" in Valparaíso. Salzwedel hat sich gemausert, die preußische Garnison hat Fuß gefasst und ihre hochadeligen Offiziere erregen weiterhin das Missvergnügen der auf Bescheidenheit bedachten bürgerlichen Stadtväter, unter ihnen die Mitglieder der Familie seines ehemaligen Arbeitgebers, des Herrn Friedrich August Busse. Die beherrscht inzwischen das Transportgeschäft, denn jetzt besitzt Salzwedel auch einen Bahnhof, der ehrwürdigen Zunft der Flussschiffer auf der Jeetze blieb letztendlich nichts anderes übrig, als dem Dampfross das Feld zu räumen.

Nach Monaten des Herumziehens, im März des Jahres 1885, setzt die Familie Hilliger endlich zur letzten großen Reise an. In der katalanischen Hauptstadt Barcelona ist man sicher, eine standesgemäße Bleibe zu finden. Die neunzehn Kisten Hausrat, nie in Hamburg geöffnet, werden wieder verladen, am 28. März 1885 verlassen sie Hamburg auf Dampfer *Genua*.

Barcelona, Weltstadt für Industrie und Kunst

Kaum angekommen in Barcelona, und da man hier endgültig zu bleiben gedenkt, sieht die Familie sich als Erstes nach einer passenden, standesgemäßen Wohnung um. Im Stadtteil der *Carrer Diputación* hat man bald eine *piso* gefunden, die allen Anforderungen gerecht erscheint und auch im gesellschaftlichen Hinblick nichts zu wünschen übrig lässt, steht sie doch in keinem Detail den Residenzen der *High Society*, der *Alta Sociedad* dieser emporstrebenden Industrie-Metropole Spaniens nach. Nun wieder Don Jorge, Jorge Hilliger tritt den verschiedenen deutschen Vereinen bei, so auch dem Deutschen *Hülfsverein* und der evangelischen Kirchengemeinde. Sein gewandtes und zielbewusstes Auftreten, dazu seine Bereitschaft, in Fällen sozialer Notlagen ohne Bedenken einzuspringen, öffnen ihm bald die Wege in die Vorstände der einen oder anderen Einrichtung.

In Begleitung des zugereisten Salpeterkönigs finden wir Tochter Luisa, sie fühlt sich überhaupt ihrem Vater näher als ihrer Mutter, was ja schon anlässlich ihres gemeinsamen Rückzuges und dem anschließenden Aufenthalt in Valparaíso deutlich zu Tage trat. Lag es an der Krankheit, die Jorge Hilliger von seinem ersten Besuch in Valparaíso mitbrachte? Natürlich konnten ihm Vorwürfe seiner Frau nicht unerspart geblieben sein, die ihn ohne Zweifel für die sich immer wieder einstellenden epileptischen Anfälle von Luisa verantwortlich machte. Unter der Obhut ihres Vaters wuchs Tochter Luisa jedenfalls zu einer netten, sympathischen und vor allem intelligenten jungen Dame heran, mit einer echten mütterlichen Zuneigung von *Doña* Rosa konnte sie jedoch nie rechnen, so auch jetzt nicht in Barcelona.

Dagegen hat seit ihrer Geburt Luisa ihrer Halbschwester Isabel nahe gestanden, eine Verbindung, die sich im Laufe der Zeit von Jahr zu Jahr festigte, sah doch Isabel sich selbst vom ersten Tage an als eine Art Ersatzmutter. Verständlich, dass Luisa im Hause in Valparaíso die Nähe ihrer Halbschwester Isabel sehr vermisste, das Gefühl des Alleinseins wurde dann leider nur für wenige Monate durch den Besuch der Hamburger Cousine Renata unterbrochen, aber Zeit ihres Lebens war Isabel für Luisa stets mehr als nur die große Schwester. Als nun wenig später nach Familie Hilliger-Vernal auch Isabel Ugarte in Barcelona eintrifft, wird ein jeder sich die Freude vorstellen können, die Luisa empfindet. Nun hat sie wieder eine Freundin, der sie sich anvertrauen kann.

Isabel in Barcelona ist nicht mehr der unstete, stets zu neuen Unternehmen bereite Geist aus Tarapacá, der Salpeterfelder in der Wüste und eine stattliche Anzahl von Immobilien in Iquique und in Lima sein Eigen nennt. Die verflossenen dreiundvierzig Lebensjahre scheinen keine Spuren hinterlassen zu haben. Der gesellschaftliche Umgang, das Flair des allumfassenden künstlerischen Angebots der Weltstadt Barcelona nimmt sie gefangen, voll stürzt sie sich in dieses neue Leben, kommt es doch gerade ihren künstlerischen Veranlagungen sehr entgegen. Nicht verwundern darf daher der Kommentar der *High Society* in Barcelona: *So adrett und so viel Geld und doch keinen Mann.* Wer ihr so kommt, für den hat sie allerdings eine rasche, treffende Antwort: *Ich lasse mich doch nicht von einem Mann herumkommandieren.* Denn das hatte sie Zeit ihres Lebens in Iquique erleben müssen, wo Frauen eigentlich nur für Haushalt und Kinder zuständig zu sein hatten, mehr wurde ihnen nicht gestattet. Ein Mehr hätte einen gesellschaftlichen Skandal, eine Missachtung auf allen Ebenen, der ganzen Familie hervorgerufen.

Heiratet nämlich eine Frau in einem südamerikanischen Land, obwohl sich dieses längst aus dem spanischen Kolonialimperium befreit hat, so gelten doch noch die alten Gesetze: Eine Frau wird durch Heirat regelrecht zum Eigentum des Ehemannes, wird unmündig. Dass Isabel sich mehr erlauben, dem weiblichen Geschlecht sonst ungewohnte, unerlaubte Freiheiten genießen konnte und jetzt in Barcelona kann, ist einzig und allein der Tatsache zuzuschreiben, dass sie einerseits von ihrem früh verstorbenen Vater und andererseits von ihrem im Krieg gefallenen Bruder ein beträchtliches Vermögen geerbt hat, das sie wiederum mit viel Geschick, Weitsicht und Durchhaltevermögen noch beträchtlich vermehren konnte, ihr Rückhalt verleiht. Bei so viel Unabhängigkeit und ihrem unverkennbar starken Charakter, da zieht es dann doch so mancher draufgängerische *Caballero* aus dem heißblütigen Spanien lieber vor, seine Wünsche zu zügeln, seinen Mund zu halten.

Und so darf man sich bei dem regen gesellschaftlichen Verkehr, dem sich die Zugereisten aus der fernen Wüste Tarapacá voll hingeben, nicht wundern, dass Tochter Luisa einen jungen Mann kennenlernt, seines Zeichens Weinhändler zu Barcelona, ja sogar Lieferant von anerkannten Messweinen. Dieser junge Mann heißt Franz Fromm und kommt ursprünglich aus dem kleinen Dörfchen Klein Lengden, unweit der Universitätsstadt Göttingen gelegen, wo sein Vater eine gutgehende mittelständische Wolltuchfabrik betreibt. Bei der formellen Vorstellung des jungen Mannes im Deutschen *Hülfsverein* zu Barcelona kam einem Herrn August Greve aus Lindau am Harz eine gewichtige Rolle zu, denn selbstverständlich legt man großen Wert auf gesellschaftsfähiges Vorgehen, es muss schon alles recht formell ablaufen. Nicht wie einst in den Tiefen der *Quebrada de Tarapacá*. Die Familien Fromm und Greve sind familiär und geschäftlich miteinander verbunden, auch hatte einst ein genannter August Greve vor Jahren in Iquique vorübergehend seine Fähigkeiten als angehender Chemiker unter Beweis stellen können. Man kennt sich also aus verflossenen Zeiten.

Jedenfalls findet die Hochzeit von Luisa Hilliger mit dem Weinhändler Franz Fromm im Dezember des Jahres 1885 in Genf statt. Es ist anzunehmen, dass Genf gewählt wurde, da es den Eltern des Bräutigams die Möglichkeit einer bequemen und nicht zu langwierigen Anreise bietet. Das jungverheiratete Paar nimmt seinen Wohnsitz in *Sant Gervasio*, auch einem vom Großbürgertum bevorzugten Teil der Großstadt Barcelona. Vater Jorge Hilliger darf sich freuen, seiner nunmehr verehelichten Tochter Luisa mit einer kräftigen Geldspritze den Weg in ihren neuen Lebensabschnitt glätten zu können. Aber auch ein Blick in die nachgelassenen Unterlagen des Weinhändlers Franz Fromm genügt, man lernt ihn als einen gewieften Geschäftsmann kennen, der es versteht, seine Weine gewinnbringend auf den deutschen Markt zu bringen. Eine Liste der im Deutschen Kaiserreich ansässigen Kunden zählt über fünfhundert zufriedene Abnehmer auf. Barcelona befindet sich in den Jahren des ausklingenden 19. Jahrhunderts und zu Beginn des 20. auf der Höhe der europäischen Kultur, wird in der Geschichte Spaniens als die dynamischste Stadt des Landes geschildert. Die Familien Fromm und Hilliger gehören ohne Zweifel zur Elite eines kulturbeflissenen Großbürgertums, die besten Opern- und Theaterhäuser Spaniens befinden sich in dieser Stadt, sie bilden eine besondere Anziehungskraft für Künstler und Geistesschaffende aus ganz Europa. Das anbrechende Industriezeitalter hinterlässt seine unübersehbaren Spuren in der Hafenstadt, denn dort wo Schornsteine rauchen, pflegen auch Mäzene die Entwicklung der Kulturschaffenden zu fördern. Der florierende Weinhandel des jungen Familienvaters verbunden mit dem Vermögen seiner Ehefrau erlaubt dem Ehepaar die Teilnahme am regen gesellschaftlichen Leben der *Alta Sociedad* von Barcelona. Dazu kommt jetzt Schwester Isabel, sie kann ihren künstlerischen Fähigkeiten freien Lauf lassen, ihre Klavierkonzerte sind gut besucht und auch ihre Fähigkeiten in der Malkunst finden regen Applaus. Wir werden sie später in Paris bewundern dürfen.

Indes, auch Don Jorge ist in Barcelona nicht untätig. Wieder vereint, wenn auch nur förmlich, mit seiner Frau Rosa in ihrer neuen Residenz in der *Carrer Diputación* – praktisch im Zentrum der Stadt –, fehlt es ihm nicht an Gelegenheiten, sein Geld gewinnbringend anzulegen, das Bankhaus H. Schroeder's in London erhält Anweisungen, Aktien und Anteile in aller Welt aufzukaufen, wie zum Beispiel der *Havana Railroad*, der *Manila Railroad* – Eisenbahnen werfen in jenen Zeiten erhebliche Gewinne ab –, er beteiligt sich zudem an einer Bleiweiß- und Mennigefabrik in Spanien, kann sogar ein Industrie-Patent auf seinen Namen registrieren. Die Straßenbahn von Barcelona rüstet von Pferdebahn auf elektrischen Betrieb um, wir finden Jorge Hilliger auf der Liste ihrer Aktionäre. Ganz unabhängig von solchen Investitionen und auf anderem Gebiet betreibt er Großhandel mit amerikanischem und russischem Getreide. Nicht zu vergessen das Monument des Entdeckers Amerikas *Cristobal Colón*, in Nordeuropa als Christopher Columbus bekannt, zu dessen Errichtung Jorge Hilliger sein Scherflein beiträgt. Grundstücke und Hypotheken im Stadtgebiet runden das Portefeuille des zugereisten Salpeterbarons aus dem fernen Iquique ab.

Solcher Wohlstand der letzten Jahre hat den Millionär die harten Zeiten seiner Jugend nicht vergessen lassen, täglich erhalten fünfzig erwerbslose Bewohner der Stadt kostenlos Brot von seinem Bäcker, darüberhinaus setzt er der Tochter eines Soldaten, der im spanisch-amerikanischen Krieg auf Cuba schwer verletzt und später an den Folgen verstarb, aber von der spanischen Regierung vergessen wurde, eine monatliche Rente aus. Das alles neben anderen guten Werken, die ganze Seiten füllen würden.

Nun sollte man meinen, es gehe allen gut, doch der Zustand von Luisa Hilliger, nun Luisa Fromm, gibt weiterhin Anlass zu Besorgnissen. Fotografien, Briefe und Atteste aus jenen Tagen bezeugen dieses. Wiederholt schlägt Vater Jorge Besuche bei Fachärzten in Wien vor, man hat jedoch den Eindruck, dass Franz Fromm nicht immer gewillt ist, solchen Vorschlägen Folge zu leisten. Es kommen Einwände wie dieser vom April 1896:

„Mein lieber Herr Schwiegerpapa, für Ihr großmüthiges Anerbieten sagen ich Ihnen herzlichsten Dank. In Bezug auf eine Reise nach Wien, wenn wir alle für drei Monate nach Wien übersiedeln sollen, so ist dieses ein starkes Stück und mit hohen Kosten verbunden. Wir haben hin und her gedacht, können aber keine passende Dame finden, die Luisa begleiten könnte."

Klingt das beinahe nicht so, als ob der liebe Herr Schwiegersohn zwar gern die Mitgift eingenommen hat, jedoch den Aufwand einer Reise mit dem Zweck, seiner Frau Luisa Hilfe in ihrem Gesundheitszustand zu verschaffen, nicht gern zu übernehmen bereit ist? Eine standesgemäße Dame als Reisebegleiterin zu finden dürfte wohl damals nicht zu schwer gewesen sein, besonders da aus der kleinstädtischen Lauenburger Familie Hilliger bestimmt eine alleinstehende Dame gern bereit gewesen wäre, die Annehmlichkeiten einer Reise in eine Weltstadt wie Wien auf Kosten des Vaters Hilliger auf sich zu nehmen.

Auch in Barcelona verrinnt die Zeit im Flug. Trotz des andauernd besorgniserregenden Gesundheitszustandes von Luise Fromm darf sich Opa Jorge Hilliger doch noch über fünf Enkelkinder freuen, die in rascher Folge in

Barcelona eintreffen, wovon leider die drei männlichen Nachfolger von Geburt an unter schweren gesundheitlichen Beschwerden leiden müssen, der jüngste – Alfonsito, so getauft im Gedenken an seinen im Salpeterkrieg gefallenen Onkel Alfonso Ugarte – sogar schon wenige Tage nach seinem fünften Geburtstag in Barcelona stirbt. Nur die Frauen haben das Glück, ein hohes Alter bei guter Gesundheit erreichen zu können.

War also Jorge Hilliger knapp dreißig Jahre in der Salpeterwüste erfolgreich, so ist ihm jetzt vergönnt, weitere zwanzig Jahre ebenfalls erfolgreich in Barcelona tätig sein zu dürfen, nun jedoch ohne Zwang unter einem angenehmen Klima und in einer Stadt, die im Gegensatz zu Iquique vor Lebhaftigkeit nur so sprudelt. Für Erholung und Ausflüge bieten sich die Umgebung und die Nähe der Pyrenäen an, das reichhaltige Angebot an Kunst und Wissenschaft erfüllt alle Wünsche und wer, wie ein Jorge Hilliger, gern mit Zahlen spielt, wird es sich nicht entgehen lassen, hin und wieder der Börse einen Besuch abzustatten, die sogar der Börse der Hauptstadt Madrid den Rang abläuft.

Man kann sich also bequem im Lehnstuhl zurücklehnen, sein Geld und die Post arbeiten lassen, denn emsig wandern Briefe und Aufträge zwischen Barcelona und dem Bankhaus Schroeder's in London hin und her. Das alles kann sogar Ende des 19. Jahrhunderts schon vom Schreibtisch erledigt werden.

Doña Rosa hat zwar unter ein gemeinsames Dach zurückgefunden, ein gemeinsames Leben soll es aber nicht mehr werden. Sie geht ihren eigenen Geschäften nach, soweit es ihre Gesundheit gestattet, denn die ist nicht mehr die alte aus den Zeiten des Kampfes um das *weiße Gold* in der trockensten Wüste der Welt. Noch gehören ihr Grundstücke in Iquique und Lima, auch Salpeterfelder in der nunmehr chilenischen Provinz Tarapacá, alles verwaltet von ihrem Vetter Juan Vernal y Castro.

Ansonsten erfreut sie sich auch ihrer Enkel and dabei ganz besonders der kleinen Postkarten, die diese ihrer lieben *Abuela* von Zeit zu Zeit zukommen und dabei erkennen lassen, dass sie von Kindesbeinen zweisprachig aufwachsen. Aber so ganz, von ganzem Herzen hat *Doña* Rosa die Übersiedlung nach Barcelona nicht überwunden, ist Peruanerin oder gar *Tarapaqueña* geblieben, auch wenn ihre Heimat und damit das geliebte Tal ihrer Jugend um *San Lorenzo* jetzt zu Chile gehören.

Ende einer Reise

Indes, nach und nach holt das Alter die alte Dame aus den Salpeterfeldern der Tarapacá-Wüste ein. Noch übersteht sie anstrengende Wallfahrten mit ihrer Tochter Isabel zu den großen Gedenkstätten der katholischen Kirche in Spanien und Frankreich, aber dann, schon stark behindert und wohl deshalb veranlasst, legt sie am 25. Juni 1903 vor einem Notar in Barcelona ihr Testament nieder, verteilt ihr immer noch umfangreiches Vermögen unter Verwandten, Freunden und ihren Töchtern und Enkeln, um dann eine letzte Reise nach Loures-Barousse in Südfrankreich antreten zu wollen. Es soll ihre letzte Wallfahrt werden, ihr Ziel, die Kathedrale von Saint Marie in dem Pyrenäen-Städchen Saint Bertrand de Comminges, kann sie trotz großer Anstrengung nicht mehr erreichen. Sie stirbt am 30. August 1903 in Loures-Barousse.

Beiden Töchtern, Isabel und Luisa, kommt die Aufgabe zu, die Tote nach Lima, der Hauptstadt ihres unvergessenen Heimatlandes Peru, zu überführen. Im Testament hatte die Verstorbene erbeten, in dem Familienmausoleum bestattet zu werden, das bereits die sterblichen Reste ihres im Salpeterkrieg gefallenen Sohnes Alfonso birgt.Es scheint, dass der Tod seiner Frau Rosa den Salpeterbaron Jorge Hilliger nicht über die in solchen Fällen zu erwartenden Trauerbezeichnungen hinaus trifft, jedenfalls erlaubt die Durchsicht der zurückgelassenen Dokumente solche Rückschlüsse. Wenig später nach diesem Schlag, den Vater Jorge bald zu überwinden bereit ist, trifft ihn das Schicksal jedoch härter, der Tod seiner Tochter Luisa, jetzt Luisa Fromm, viel tiefer. Diese erliegt ihren schmerzhaften, nie voll geklärten Krankheiten nur ein Jahr später, am 29. April 1904 folgt sie ihrer Mutter, wird in Barcelona beerdigt. Luisa hinterlässt ihren Mann, den preußischen Untertan Franz Fromm – so steht es im Pass – mit vier Kindern, ihr jüngster Sohn Alfonsito, mit einer Behinderung geboren, hatte ja bereits im Alter von fünf Jahren diese Welt verlassen.

Nicht mehr lang ist es Johanngeorg Christian Hilliger, in Iquique und Spanien Jorge Hilliger, gegönnt, die nunmehr leerstehende Wohnung in der *Carrer Diputación* benutzen zu können. Achtzig Jahre, davon dreißig unter einer grellen Wüstensonne und einer nächtlichen Kälte, die das Mark durchdringt, fordern ihren Zoll. War dazu die immerwährende Krankheit von Luisa doch eine tragische Folge jenes Besuches bei Micaela vor fünfzig

Jahren, vor der der selige Dr. Piderit gewarnt hatte? Ein Gedanke, der Jorge Hilliger auch in seinen letzten Jahren keine Ruhe lässt.

Unter dem Eindruck des Todes seiner geliebten Tochter Luisa wird er sich wohl bewusst, dass seine Tage gezählt sind. Nur ein halbes Jahr nach ihrem Tod hinterlegt er im Kaiserlichen Deutschen Konsulat zu Barcelona sein endgültiges Testament, beschenkt reichhaltig Familienangehörige in Lauenburg, kirchliche und weltliche Einrichtungen in Lauenburg, Ratzeburg, Salzwedel, Hamburg, aber auch in Spanien und Chile, lässt selbstverständlich seinen Schwiegersohn und seine Enkel nicht leer ausgehen. Es sieht aus, als ob der stets mit Blick auf die Zukunft, auf neue Ziele bedachte, gestandene *approbierte hanseatische Kaufmann* Johanngeorg Christian Hilliger nun das Ende seiner weiten Reise kommen sieht, die einst in Schulau auf Fregatte *Hindostan* ihren Anfang nahm, als diese stolze Dreimast-Fregatte im Oktober 1853 ihre Anker lichtete und nun am 9. März 1905 endgültig in Barcelona auf Reede geht.

Schwiegersohn Franz Fromm, Nachlassverwalter und letzter überlebender Zeuge einer der großen Pioniere aus den Gründerjahren des *weißen Goldes* von Tarapacá, erledigt die zahlreichen, im Nachlass aufgeführten Aufträge mit großer Sorgfältigkeit, so mancher *Hülfsverein*, Lauenburger Bürger der Familie Hilliger, kirchliche Einrichtung und selbstvertändlich auch die Salzwedeler Loge „Johannes zum Wohle der Menschheit" dürfen sich bald darauf eines großzügigen Legates erfreuen. Verständlich ist, dass die gewissenhafte Erledigung dieser Aufgaben Zeit und weite Reisen erfordert, aber dann selbst herzleidend und unter dem Eindruck des Gesundheitszustandes seiner beiden Söhne, dem Ratschlag seines deutschen Hausarztes folgend, das feuchtwarme Klima von Barcelona gegen das wetterbegünstigte Klima der Alpenstadt Meran zu tauschen, verlässt er Barcelona, macht sich im Jahr nach dem Tode seiner Frau auf den Weg nach Meran, wo er im Oktober 1905 zum ersten Mal als Kurgast vermeldet wird. Im Sommer des Jahres 1921, inzwischen musste Südtirol als Folge des Vertrages von St. Germain von Österreich an Italien abgegeben werden, wird er durch Kauf der Villa Freischütz endgültig Meraner Bürger, verliert seine deutsche Staatsbürgerschaft. Sein Tod wird im Kriegsjahr 1941 in Meran registriert. Ihn überleben seine Töchter Luisa Isabel und Zoila sowie der Sohn Francisco, genannt Paco, der, geboren in Barcelona, die spanische Staatsbürgerschaft besitzt.

Es bliebe jetzt nur noch das Schicksal von Isabel Ugarte zu erwähnen. Nach dem Ableben ihrer Mutter und ihrer Schwester Luisa hält es sie nicht mehr in Barcelona, nie lässt sie jedoch die Verbindung zu ihren Neffen und Nichten aus der Ehe Fromm-Hilliger abreißen, überträgt ihre Liebe auf die beiden Töchter Luisas, Luisa Isabel und Zoila. Unstet reist sie in Chile und Peru umher, schließt Geschäfte ab, leitet erhebliche Stiftungen bedeutender künstlerischer Werte an peruanische Museen ein. So unter anderem gelangen im Jahre 1913 durch Vermittlung eines Kunsthändlers fünf Originale der flämischen Meister Brueghel und ein Original des Spaniers Jovero in das Nationalmuseum von Lima. Im Jahre 1910 kehrt sie über Meran nach Europa zurück, nimmt endgültig

Residenz in Paris und dort, wie es sich gehört, am *Boulevard Haussman*. Als ausgezeichnete Klavierspielerin finden ihre Konzerte großen Beifall, als Malerin erhält sie Zutritt zum *Louvre*, wo ihr gestattet wird, Gemälde bekannter französischer Maler zu kopieren. Diese künstlerisch wertvollen und manchmal etwas eigensinnigen Kopien, die den selbstbewussten Charakter ihrer Autorin verraten, finden wiederum Aufnahme in die Galerien der Neuen Welt und Einrichtungen Perus. Sie richtet eine Schulstiftung in Peru ein, in der die Kinder indianischer Abstammung gratis unterrichtet werden sollen, selbst das Schulgebäude entwirft sie, stellte eine finanzielle Absicherung des Projektes klar. Grundstücke in Lima und Iquique, Familienwerte, Schmuck und Uniform sowie Auszeichnungen ihres im Salpeterkrieg gefallenen Bruders Alfonso vermacht sie ihren Nichten Luisa Isabel und Zoila Fromm Ugarte in Meran.

Isabel Ugarte Vernal verstirbt am 10. Dezember 1938 in Paris. Ihre sterblichen Reste ruhen in Lima im Familiengrab neben ihrer Mutter und ihrem im Salpeterkrieg gefallenen Bruder Alfonso.

DANKSAGUNG

Die Niederschrift des Lebenslaufes des schon vergessenen Pioniers des Salpeterabbaus in der ehemals peruanischen, heute chilenischen Provinz Tarapacá kam mir, als ich im Rahmen meiner Suche nach Themen für die deutschsprachige Zeitung Chiles *Condor* auf den Namen von Johanngeorg Christian Hilliger stieß. Wenig Schriftliches liegt über ihn vor, wohingegen seine „Lehrlinge" Hermann Conrad Fölsch, Friedrich Martin und Henry Barends Sloman in Büchern und anderen Veröffentlichungen oft erwähnt werden, sie sich selbst auch Denkmäler in Hamburg und anderen Orten gesetzt haben. Dies war für mich Anlass, in alten Archiven zu forschen, in längst aufgegebenen Salpeterfeldern nach vergessenen Unterlagen zu suchen und zahlreiche Gespräche mit Personen zu führen, denen die kurzlebige Zeit des Salpeterbooms noch in lebender Erinnerung war. Unerwartetes kam dabei zu Tage, mehr als ein Mal fand ich Dokumente, Papiere und Urkunden, die den Ablauf dieser an Goldgräberzeiten erinnernden Epoche ganz anders darstellen, als diese uns heute oft dargeboten wird. Für mich war es ein Abenteuer, in das es galt, sich hineinzustürzen, auf den Grund zu gehen und dann mitzuerleben, wie das Ende kam und vieles einfach aufgegeben, dem Verfall preisgegeben blieb.

An erster Stelle möchte ich ganz besonders meiner lieben Frau Brigitte danken, die mich oft auf meinen Reisen begleitete oder warten musste, während es mich fern jeder menschlichen Siedlung in eine Wüste trieb, in der es heute weder Wege noch Handyempfang gibt, man also verlassen zwischen Ruinen steht, zwischen verfallenen Gräbern nach Namen sucht, die einst im Salpeter Geschichte schrieben.

Besonderer Dank gebührt meiner Freundin Dr. Herta Waldner, Kuratorin der Navarini-Ugarte-Stiftung in Meran, Südtirol, in deren Kammern noch unentdeckte Schätze aus der Geschichte des Salpeters und des zwischen Chile und Peru ausgefochtenen Salpeterkrieges liegen und in denen ich suchen durfte, wobei Herta und ihre Schwestern um mein persönliches Wohl während meiner leider immer nur sehr kurzen Aufenthalte bemüht waren. Danken möchte ich auch dem Deutsch-Chilenischen Bund in Santiago de Chile, dessen Archiv mir stets offenstand, den zahlreichen Herren und Damen aus Iquique, unter ihnen besonders Herrn Hrvoj Ostoić, Herausgeber der *Enciclopedia de Iquique* und der Zeitschrift *Iqueique*, die sich ausschließlich Themen aus der Geschichte der Provinz Tarapavá widmet, sowie Herrn Daniel Hurtado, meinem Führer durch die Wüste und ihre Schluchten (*Quebradas*). Fotografien der Originaldokumente aus den Stadt- bzw. Kirchenarchiven der Städte Lauenburg und Ratzeburg stellte mir Frau Dr. Claudia Tanck der Ev. Kirchenkreisverwaltung Lübeck–Lauenburg zur Verfügung, auch ihr gilt mein herzlicher Dank.

Und natürlich vielen Dank allen den fleißigen Helfern, die mir unentwegt zur Seite standen, wenn ich sie mit meinen Fragen und Anliegen belästigt habe und die nie Nein gesagt haben. Ich kann sie nicht alle aufzählen, es wären zu viele, und ich bitte um Entschuldigung, dass ich sie nicht alle nennen kann.

Santiago, Chile, im Oktober des Jahres 2021

DER VERLAG

VINDOBONA
VERLAG SEIT 1946
ein Verlag mit Geschichte

Bereits seit 1946 steht der Vindobona Verlag im Dienst seiner Bücher und Autoren. Ursprünglich im Bereich periodisch erscheinender Journale tätig, präsentiert sich der Verlag heute als kompetenter Partner für Neuautoren am deutschen, österreichischen und schweizerischen Buchmarkt. Engagement, Verlässlichkeit und Sachverstand – das sind die Grundpfeiler, auf denen der Verlag seit jeher sicher steht.

Sie möchten mit Ihrem Werk das vielseitige Verlagsprogramm bereichern? Der Vindobona Verlag garantiert Ihnen eine professionelle Prüfung Ihres Manuskriptes durch das Lektorat sowie eine zeitnahe Rückmeldung.

Genauere Informationen zum Verlag
finden Sie im Internet unter:

www.vindobonaverlag.com

DER AUTOR

Dietrich Angerstein wurde 1932 in Sachsen-Anhalt geboren. 1948 reiste er nach Chile, wo seine Eltern bis Anfang der 30er-Jahre gelebt hatten. Seine berufliche Laufbahn führt ihn von einem abgebrochenen Ingenieurs-Studium über den Aufbau einer Fischkonservenfabrik auf Feuerland zum Geschäftsführer eines Brandschutzunternehmens. Bis 2013 ist er als Berater in ganz Chile tätig, hilft beim Aufbau freiwilliger Feuerwehren und nimmt an Brandschutztagungen u.a. in Chile, den USA, Deutschland und Großbritannien teil. Er ist Träger des Bundesverdienstkreuzes und zahlreicher Feuerwehrverdienstmedaillen. 2009 erhält er ehrenhalber in Chile die Staatsbürgerschaft. Der Autor ist ständiger freier Mitarbeiter einer deutschen Wochenzeitung und chilenischer Zeitschriften. „Aurum Album" ist sein erstes alleiniges veröffentlichtes Buch in deutscher Sprache. Dietrich Angerstein lebt in Santiago de Chile, ist verheiratet, hat zwei Töchter und sechs Enkel.